ae, 04.05.99
Biggi

Über den Autor:

Der Franzose Emile Coué, 1857-1926, war Apotheker und Psychotherapeut. In seiner Arbeit stieß Coué auf das Phänomen der Autosuggestion und stellte fest, daß sie weit besser als seine Pillen geeignet war, Heilungsprozesse bei seinen Patienten zu fördern. Über Jahre zeichnete er jeden einzelnen Fall auf und verfeinerte seine Methode der Selbstbeeinflussung. Emile Coué gilt als Begründer des »Positiven Denkens«.

EMILE COUÉ
AUTO-SUGGESTION

Die Kraft der Selbstbeeinflussung
durch positives Denken

Mit einem Essay über Coué
von Marie Borrel und Ronald Mary

Aus dem Französischen von
Antoniette Gittinger

BASTEI-LÜBBE-TASCHENBUCH
Band 66 363

© 1997 by Oesch Verlag AG, 8050 Zürich
Lizenzausgabe im Bastei-Verlag Gustav H. Lübbe GmbH & Co.,
Bergisch Gladbach
Printed in Germany, September 1998
Einbandgestaltung: Manfred Peters
Titelfoto: Mechthild Op Gen Oorth, Köln
Druck und Bindung: Ebner Ulm
ISBN 3-404-66363-8

Der Preis dieses Bandes versteht sich einschließlich
der gesetzlichen Mehrwertsteuer.

Inhaltsverzeichnis

Die Selbstbemeisterung durch bewußte
Autosuggestion 7

Das Bewußte und das Unbewußte 8
Wille und Vorstellungskraft 10
Suggestion und Autosuggestion 15
Anwendung der Autosuggestion 16
– Wie lehrt man die Durchführung bewußter Autosuggestion? 22
– Verfahren bei der Suggestion zu Heilzwecken 27
– Wie die bewußte Autosuggestion durchzuführen ist 33
– Eine überlegene Methode 35
– Die Wirkungsweise der Suggestion 38
– Anwendung der Suggestion zur Heilung von seelischen Erkrankungen und angeborenen oder erworbenen Charakterfehlern 40
– Einige Fälle von Heilung durch Suggestion 43
Schlußfolgerung 52

Was Autosuggestion bewirken kann 53

Aus Briefen an Emile Coué 64

Gedanken und Anweisungen von Emile Coué 85

Ratschläge und Anweisungen an seine Schüler 97

Die Sitzungen von Emile Coué 103

Einige Aufzeichnungen über die Reise Coués
nach Paris *(Oktober 1918)* 119

»Alles für alle« 124

Das Wunder in uns 133

Wie die Erziehung sein sollte 141

Nachwort: Coué und die Autosuggestion 148

Das Gedankengut von Emile Coué verbreiten und interpretieren mit einem reichen Kursangebot die nachfolgenden Vereinigungen:

Deutschland
Coué Deutschland
Seminare und Beratungen
Klaus D. Ritter
Hubertusstraße 5
D-83413 Fridolfing

Frankreich
»Suivre Coué«
Association à but non lucratif
16, Les jardins de la
Ste-Victoire
Impasse de l'Agnel
F-13770 Venelles

Schweiz
Coué Schweiz
Postfach 18
CH-3032 Hinterkappelen

Autosuggestion
Monatsschrift Coué Schweiz
für positive Lebensgestaltung
Postfach 18
CH-3032 Hinterkappelen

Österreich
Coué Club Austria
Dipl.-Ing. J. Sammt
Bahnhofstraße 20
A-9020 Klagenfurt

Coué Österreich
Werner Pogats
Waldwinkel 45
A-2671 Küb/Payerbach

Ungarn
Emil Coué Ungarn
Haszkofo u. 7
H-8200 Veszprem

Die Selbstbemeisterung durch bewußte Autosuggestion

Die Suggestion oder vielmehr *Autosuggestion* stellt etwas völlig Neues dar, ist aber gleichzeitig so alt wie die Welt.

Neu ist sie insofern, als sie bis jetzt nur oberflächlich behandelt wurde und folglich praktisch unbekannt ist; alt, weil es sie seit Bestehen des Menschen gibt. Die Autosuggestion stellt nämlich ein Instrument dar, das wir von Geburt an besitzen, und dieses Instrument, oder besser diese Kraft, besitzt eine ungewöhnliche, unberechenbare Macht, die, je nach den Umständen, die besten oder schlechtesten Wirkungen hervorruft. Die Kenntnis dieser Kraft ist für jeden von uns von Nutzen, besonders aber für Ärzte, Richter, Anwälte und Pädagogen.

Wer es versteht, sie *bewußt* umzusetzen, wird Situationen aus dem Weg gehen, in denen er bei den anderen schlechte Autosuggestionen provozieren könnte, deren Auswirkungen vielleicht verheerend wären. Sie oder er wird *bewußt positive Autosuggestionen* bewirken, die bei den physisch Kranken Gesundheit, bei Neurasthenikern*, Gemütskranken und den unbewußten Opfern vorheriger Autosuggestionen das seelische

---

* Neurastheniker: Menschen, die an Neurasthenie leiden. Von G. M. Beard 1869 geprägter Begriff zur Charakterisierung eines Zustandes vermehrter Ermüdbarkeit und Erregbarkeit bei geringer seelischer Belastungsfähigkeit. (Der Große Brockhaus)

Gleichgewicht wiederherstellen und die Individuen, die dazu neigten, den falschen Weg einzuschlagen, auf den rechten Weg zurückführen.

Das Bewußte und das Unbewußte

Um die Phänomene der Suggestion oder konkreter der Autosuggestion richtig zu verstehen, muß man davon ausgehen, daß in uns zwei völlig verschiedene Wesenheiten wirken, die beide mit Intelligenz ausgestattet sind: das Bewußte und das Unbewußte, dessen Existenz im allgemeinen nicht wahrgenommen wird.

Und doch ist sein Vorhandensein leicht festzustellen, sofern man sich die Mühe gibt, bestimmte Phänomene näher zu untersuchen und darüber nachzudenken. Nachfolgend sollen einige Beispiele aufgeführt werden:

Jeder kennt das Phänomen des Schlafwandels *(Somnambulismus)*. Jeder weiß, daß ein Somnambule nachts aufsteht, *ohne aufgeweckt worden zu sein,* daß er, nachdem er sich angekleidet hat oder auch nicht, das Zimmer verläßt, die Treppe hinuntergeht, durch Gänge eilt und, nachdem er bestimmte Dinge erledigt oder eine bestimmte Arbeit verrichtet hat, in sein Zimmer zurückkehrt, wieder ins Bett schlüpft und am nächsten Morgen höchst erstaunt ist, wenn er feststellt, daß eine Arbeit erledigt ist, die er am Vortag unerledigt gelassen hatte.

Dabei hat er selbst sie beendet, ohne es zu wissen. Welcher Kraft hat sein Körper gehorcht, wenn nicht einer unbewußten – seinem Unbewußten?

Untersuchen wir nun den leider allzu häufigen Fall des Alkoholikers im Vollrausch *(Delirium tremens)*. Wie in einem Anfall von Wahnsinn ergreift er irgendeine Waffe, ein Messer, Beil oder einen Hammer, und schlägt wie von Sinnen auf jeden ein, der das Pech hat, ihm zu begegnen. Wenn der Mann nach dem Anfall wieder alle Sinne beisammen hat, betrachtet er voller Abscheu das Blutbad, das sich seinem Blick darbietet, weiß aber nicht, daß er selbst dafür verantwortlich ist. War nicht auch hier das Unbewußte die Triebkraft, die diesen Unglücklichen geleitet hat?*

Wenn wir das Bewußte mit dem Unbewußten vergleichen, stellen wir fest, daß das Bewußte oft mit einem lückenhaften Gedächtnis versehen ist, das Unbewußte dagegen ein hervorragendes, untrügliches Erinnerungsvermögen besitzt, das ohne unser Wissen die banalsten Ereignisse, die kleinsten Details unseres Lebens registriert. Außerdem ist es leichtgläubig und akzeptiert, was man ihm sagt, ohne nachzudenken. Und da das Unbewußte über das Gehirn alle unsere Organe beherrscht, ergibt sich eine Tatsache, die Ihnen vielleicht paradox erscheinen: Wenn das Unbewußte glaubt, daß

---

* Und wie viele Phobien (Ängste) aller Art gibt es unter den Menschen, die manchmal fast unbemerkt bleiben. Wie viele Leiden fügen wir uns in allen möglichen Bereichen zu, wenn wir nicht »sofort« unseren »unbewußten negativen Autosuggestionen« »bewußte positive Autosuggestionen« entgegenstellen und somit allen unnötigen Leiden ein Ende bereiten.
(Zum Thema Ängste und Panik siehe das Buch von Shirley Trickett *Angstzustände und Panikattacken erfolgreich meistern*, erschienen 1995 im Oesch Verlag, Zürich.)

das eine oder andere Organ gut oder schlecht funktioniert, wir diese oder jene Empfindung haben, so arbeitet dieses Organ tatsächlich gut oder schlecht, und wir haben diese Empfindungen wirklich.

Das *Unbewußte beherrscht* nicht nur *die Funktionen unseres Organismus*, sondern auch die *Ausführung all unserer Handlungen, ungeachtet ihrer Art.*

Wir nennen es Vorstellungskraft und verstehen darunter im Gegensatz zur allgemeinen Auffassung eine Kraft, die uns *immer zum Handeln treibt,* sogar und vor allem *gegen unseren Willen*, wenn ein Antagonismus zwischen den beiden Kräften Wille und Vorstellungskraft besteht.

Wille und Vorstellungskraft

Suchen wir im Lexikon die Bedeutung des Begriffs »Willen«, finden wir etwa folgende Definition: »Die Fähigkeit, sich frei zu gewissen Handlungen zu entschließen.« Wir akzeptieren diese Definition als richtig und unanfechtbar. Doch nichts ist unrichtiger, und dieser Wille, auf den wir uns so eifrig berufen, unterliegt immer, wenn er mit der Vorstellungskraft in Streit gerät. Dies ist eine *eindeutige Regel,* die keine Ausnahme duldet.

»Das ist ja eine Anmaßung, ist ja paradox«, höre ich Sie entrüstet widersprechen. Doch ich erwidere Ihnen: »Keineswegs. Es ist die reine Wahrheit, das versichere ich Ihnen.«

Und um sich davon zu überzeugen, müssen Sie sich nur etwas umblicken und versuchen, das, was Sie sehen, zu erfassen. Sie werden sich dann davon überzeugen, daß das, was ich Ihnen sage, keine haltlose Theorie darstellt, die einem verwirrten Geist entsprungen ist, sondern der Ausdruck dessen, was *wirklich ist*.

Nehmen wir an, wir legen ein 10 Meter langes und 25 cm breites Brett auf den Boden. Jeder kann mühelos darübergehen, ohne danebenzutreten. Ändern wir nun die Bedingungen dieses Experiments, und nehmen wir an, das Brett verbinde als Steg zwei Türme einer Kathedrale. Wer ist dann noch fähig, auch nur einen Meter auf diesem schmalen Steg zurückzulegen? Vielleicht Sie, der Sie dieses Buch lesen? Nein, gewiß nicht. Nach zwei Schritten würden Sie vermutlich zu zittern anfangen und trotz aller Willensanstrengung unweigerlich herunterfallen.

Warum aber fallen Sie nicht, wenn das Brett auf der Erde liegt, und warum würden Sie fallen, wenn es hoch oben angebracht wäre? Ganz einfach, weil Sie sich im ersten Fall vorstellen, daß es einfach ist, über das Brett zu gehen, während Sie sich im zweiten Fall vorstellen, daß Sie es nicht können.

Seien Sie sich über folgendes im klaren: All Ihre Willensanstrengung, über das Brett zu gehen, nützt Ihnen nichts. Wenn Sie sich *vorstellen, daß Sie es nicht können*, *schaffen* Sie es *unter keinen Umständen*.

Dachdecker und Zimmerleute können sich nur deshalb auf schmalen Planken bewegen, weil sie sich vorstellen, daß sie es können.

Das Schwindelgefühl ist lediglich auf die Vorstellung zurückzuführen, daß wir hinunterfallen werden; diese Vorstellung wird sofort in Handlung verwandelt, auch wenn unser Wille dagegen wirkt – und zwar um so schneller, je stärker wir uns dagegen stemmen.

Betrachten wir eine Person, die unter Schlaflosigkeit leidet. Wenn sie sich nicht krampfhaft bemüht, einzuschlafen, wird sie ruhig in ihrem Bett liegen. Je mehr sie sich aber bemüht, einzuschlafen, desto aufgeregter wird sie.

Haben Sie nicht auch schon bei sich festgestellt, daß Ihnen der Name einer Person, den Sie im Augenblick vergessen haben, um so weniger einfällt, je krampfhafter Sie ihn suchen? Wenn Sie aber die Vorstellung »ich habe den Namen vergessen« durch die Vorstellung »ich werde mich daran erinnern« ersetzen, fällt Ihnen der Name ganz von selbst wieder ein, ohne die geringste Mühe.

Welcher Radfahrer erinnert sich nicht an seine Anfänge? Er saß auf dem Rad, klammerte sich an die Lenkstange und hatte Angst runterzufallen. Plötzlich, als er mitten auf dem Weg einen kleinen Stein entdeckte oder ihm ein Pferd entgegenkam, versuchte er, dem Hindernis auszuweichen, aber je stärker er sich bemühte, ihm auszuweichen, desto zielsicherer steuerte er auf es zu.

Wem ist es nicht schon passiert, daß er plötzlich einen Lachkrampf bekam, der um so stärker wurde, je mehr er sich bemühte, ihn zu unterdrücken?

In welcher Verfassung befanden sich die Menschen in diesen verschiedenen Situationen? Ich will nicht fallen, aber ich kann es nicht vermeiden; ich will schlafen, aber ich kann nicht; ich will mich an den Namen von Frau X erinnern, kann es aber nicht; ich will dem Hindernis ausweichen, aber ich kann nicht; ich will das Lachen unterdrücken, aber ich kann es nicht.

Wie man sieht, siegt bei jedem dieser Konflikte die Vorstellungskraft ausnahmslos über den Willen.

Auch die folgenden Fälle gehören in diesen Zusammenhang: Ein Offizier reißt seine Truppe mit sich, indem er sich an ihre Spitze stürzt. Andererseits wird der Ruf: »Rette sich, wer kann« fast unvermeidlich eine wilde Flucht auslösen. Warum? Im ersten Fall stellen sich die Männer vor, sie müßten vorwärtsstürmen, im zweiten bilden sie sich ein, sie seien besiegt und könnten sich nur durch schnelle Flucht retten. Panurge* wußte, wie ansteckend solch ein Beispiel wirkt, das heißt, er kannte die Wirkung der Vorstellungskraft, als er auf einer Seereise einem Händler, dem er einen Streich spielen wollte, den Leithammel abkaufte und ihn über Bord warf. Er wußte von vornherein, daß die gesamte Herde ihm hinterherspringen würde, und das geschah dann auch.

Auch wir Menschen gleichen mehr oder weniger einer solchen Hammelherde und folgen *gegen unseren Willen* dem Beispiel der anderen, weil wir uns *vorstellen*, wir könnten nicht anders.

---

* Sprichwörtlicher lustiger Schurke. Eine Figur aus dem Roman *Gargantua und Pantagruel* von François Rabelais, um 1494–1553.

Ich könnte noch tausend andere Beispiele zitieren, aber ich befürchte, diese Aufzählung würde Sie langweilen. Ich will Sie jedoch darauf hinweisen, daß es Trinker gibt, die gerne mit dem Trinken aufhören würden, aber einfach nicht anders können, als weiterzutrinken. Im Gespräch werden sie in aller Aufrichtigkeit antworten, daß der Alkohol sie anwidere und sie gerne damit aufhören würden, daß sie aber den unwiderstehlichen Drang verspürten, gegen ihren Willen zu trinken, obwohl sie wüßten, welch üble Folgen der Alkohol für sie habe. Dies zeigt die gewaltige Wirkung der Vorstellungskraft oder, anders ausgedrückt, die *Macht des Unbewußten* im *Kampf gegen den Willen*.

Genauso begehen manche Kriminelle Verbrechen gegen ihren Willen. Fragt man sie nach ihren Motiven, erwidern sie: »Ich konnte nicht anders, es trieb mich dazu, es war stärker als ich.«

Der Trinker und der Verbrecher sagen die Wahrheit; sie können nicht anders, als das zu tun, was sie tun. Und dafür gibt es einen einzigen Grund: Sie stellen sich vor, daß sie nicht anders können.

So sind wir, die wir so stolz auf unseren Willen und unsere Handlungsfreiheit sind, in Wirklichkeit nur erbärmliche Marionetten unserer Vorstellungskraft. Erst wenn wir gelernt haben, diese zu beherrschen, hören wir auf, Marionetten zu sein.

Suggestion und Autosuggestion

Nach den bisherigen Ausführungen können wir die Vorstellungskraft mit einem Wildbach vergleichen, der den Unglücklichen, der hineinfällt, unweigerlich mit sich reißt, obwohl der Bedauernswerte mit ungeheurer Willensanstrengung versucht, das Ufer zu erreichen. Der Bach scheint unbezähmbar zu sein, aber wenn es Ihnen gelingt, seinen Lauf zu ändern, ihn zu einem Kraftwerk zu leiten, werden Sie seine Kraft in Bewegung, Wärme und Elektrizität umsetzen.

Wenn Ihnen dieses Beispiel nicht genügen sollte, vergleichen wir die Vorstellungskraft (die »Verrückte im Oberstübchen«, wie die Franzosen sie zu nennen pflegen) mit einem Wildpferd ohne Zügel. Was bleibt dem Reiter anderes übrig, als sich dem Pferd zu fügen und sich von ihm dorthin forttragen zu lassen, wohin dieses will? Wenn es durchgeht, endet der Ritt im Graben. Aber wenn es dem Reiter gelingt, dem Pferd Zügel anzulegen, werden die Rollen sofort vertauscht. Jetzt bestimmt nicht mehr das Pferd das Ziel, sondern der Reiter lenkt das Pferd auf den Weg, den *er* einschlagen will.

Nachdem wir uns nun der enormen Kraft des Unbewußten oder der Vorstellungskraft bewußt geworden sind, möchte ich aufzeigen, daß dieses scheinbar unbezähmbare Wesen sich genauso leicht wie ein Wildbach oder ein Wildpferd bändigen läßt.

Doch bevor wir fortfahren, müssen wir zwei Begriffe genau klären, die oft vorkommen, aber nicht immer richtig verstanden werden. Es handelt sich um Suggestion und Autosuggestion.

Was versteht man unter *Suggestion?* Man könnte sie definieren als *den Vorgang, der sich abspielt, wenn jemand dem Gehirn einer andern Person eine Idee aufdrängt.* Kommt das wirklich vor? Eigentlich nicht. Die Suggestion existiert nämlich nicht als solche; sie kann nur unter der Voraussetzung geschehen, daß sie sich im Individuum in *Autosuggestion* verwandelt. Und diesen Begriff definieren wir folgendermaßen: *Die Einpflanzung einer Idee in uns selbst durch uns selbst.* Sie können jemandem etwas suggerieren; wenn jedoch das Unbewußte dieser Person diese Suggestion nicht akzeptiert, gewissermaßen nicht verdaut und damit in Autosuggestion umsetzt, bleibt die Suggestion wirkungslos.

Schon mehrmals habe ich Menschen, die im allgemeinen sehr beeinflußbar sind, etwas mehr oder weniger Banales suggeriert und mußte erleben, daß meine Suggestion keine Wirkung zeigte. Der Grund hierfür liegt darin, daß das Unbewußte dieser Individuen sich geweigert hatte, sie zu akzeptieren, und sie nicht in Autosuggestion umgesetzt hatte.

Anwendung der Autosuggestion

Ich möchte auf meine Bemerkung zurückkommen, daß wir unsere Vorstellungskraft bezwingen und lenken können, wie man einen Wildbach oder ein Wildpferd zähmt. Dazu genügt erstens die Erkenntnis, daß dies möglich ist (was kaum jemand weiß), und zweitens die Kenntnis des entsprechenden Mittels. Nun, das Mittel ist recht einfach. Ohne es zu wollen und zu wissen, wenden wir es seit unserer Geburt unbewußt täglich an, aber leider oft falsch und zu unserem größten Schaden: Dieses Mittel ist die Autosuggestion.

Es kommt also darauf an, die Autosuggestion bewußt anstatt unbewußt zu praktizieren. Und das geschieht folgendermaßen: Zunächst muß man die Sachverhalte, auf die sich die Autosuggestion richten soll, sorgfältig mit der Vernunft abwägen. Dann wiederholt man mehrmals, je nachdem, ob die Vernunft dazu ja oder nein sagt, ohne an etwas anderes zu denken: »Dies wird geschehen« beziehungsweise »Dies wird nicht geschehen« usw. Wenn das Unbewußte diese Suggestion akzeptiert, das heißt in Autosuggestion umgewandelt hat, wird man erleben, wie sich ein oder mehrere Sachverhalte Punkt für Punkt verwirklichen werden.

So verstanden, bedeutet *Autosuggestion* nichts anderes als Hypnose, und die definiere ich ganz einfach folgendermaßen: *Einfluß der Vorstellungskraft auf die seelische und körperliche Verfassung des Menschen.*

Diesen unbestreitbaren Einfluß möchte ich noch mit einigen weiteren Beispielen veranschaulichen.

Wenn Sie sich selbst zureden, daß Sie irgend etwas vollbringen können, vorausgesetzt, dies ist objektiv möglich, wird es Ihnen gelingen, auch wenn es noch so schwierig sein mag. Wenn Sie sich dagegen vorstellen, zu etwas nicht fähig zu sein, auch wenn es noch so einfach ist, können Sie es tatsächlich nicht, und Maulwurfshügel werden für Sie zu unbezwingbaren Bergen.

So verhält es sich bei den Neurasthenikern. Sie trauen sich nicht die geringste Anstrengung zu und sind oft unfähig, auch nur ein paar Schritte zu gehen, ohne gleich total erschöpft zu sein. Wenn sie sich bemühen, ihre Niedergeschlagenheit zu überwinden, versinken sie noch mehr in ihr und erinnern damit an den Ertrinkenden, der je tiefer versinkt, je verzweifelter er versucht, sich zu retten.

Ebenso genügt die Vorstellung, daß ein Schmerz verschwindet, um zu spüren, daß er tatsächlich allmählich nachläßt. Umgekehrt genügt dagegen allein die Vorstellung von Schmerz, daß sich dieser sofort bemerkbar macht.

Ich kenne einige Menschen, die genau den Tag und die Umstände voraussagen können, an dem bzw. unter denen sie von Migräne befallen werden, und tatsächlich bekommen sie an besagtem Tag unter den gegebenen Umständen Migräne. Sie haben ihr Leiden selbst verursacht, genauso wie andere ihre Schmerzen durch *bewußte Autosuggestion* selbst zu heilen vermögen.

Ich weiß, im allgemeinen halten einen die Mitmenschen für verrückt, wenn man es wagt, ungewöhnliche Gedanken zu äußern. Nun gut, auf die Gefahr hin, für verrückt zu gelten, behaupte ich, daß viele Menschen nur deshalb seelisch oder körperlich krank sind, weil sie *sich vorstellen,* sie seien seelisch oder körperlich krank. Manche Menschen, bei denen durchaus keine körperliche Ursache vorliegt, sind nur deshalb gelähmt, weil sie *sich vorstellen*, sie seien gelähmt. Gerade bei solchen Personen erlebt man die ungewöhnlichsten Heilungen.

Wenn Menschen glücklich oder unglücklich sind, dann deshalb, weil sie *sich vorstellen*, glücklich oder unglücklich zu sein. Zwei Personen in genau denselben Lebensumständen können vollkommen unterschiedlich empfinden: die eine kann rundum glücklich und die andere todunglücklich sein.

Neurasthenie, Stottern, Phobien, bestimmte Lähmungserscheinungen usw. – all diese Phänomene sind lediglich das Ergebnis des Einwirkens des Unbewußten auf die seelische oder körperliche Verfassung.

Doch wenn unser Unbewußtes die Ursache vieler unserer Krankheiten ist, so kann es aber auch andrerseits die Heilung unserer seelischen und körperlichen Leiden bewirken. Es kann nicht nur das von ihm selbst angerichtete Unheil wieder beheben, sondern durch sein Einwirken auf unseren Organismus auch richtige Krankheiten heilen.

Ziehen Sie sich in ein Zimmer zurück, setzen Sie sich in einen Sessel, schließen Sie die Augen, um sich nicht ablenken zu lassen, und denken Sie ein paar Minuten lang: »Das da wird verschwinden« oder: »Jenes wird in Erscheinung treten.«

Wenn Sie sich wirklich der Autosuggestion unterzogen haben, das heißt, wenn sich das Unbewußte die Vorstellung, die Sie ihm angeboten haben, angeeignet hat, werden Sie voller Erstaunen bemerken, daß das eintritt, was Sie gedacht haben. (Es ist festzuhalten, daß das Eigentümliche der durch Autosuggestion entstandenen Ideen darin besteht, daß sie ohne unser Wissen in uns existieren und daß wir von ihnen nur Kenntnis haben dank der Wirkungen, die sie erzeugen.) Dabei ist von grundlegender Bedeutung, daß *bei der Durchführung der Autosuggestion der Wille ausgeschaltet ist.* Wenn dieser nämlich im Widerstreit mit der Vorstellungskraft steht – wenn man etwa denkt: »Ich will, daß dies oder jenes geschehe«, und die Vorstellungskraft sagt: »Du willst es, aber es wird nicht geschehen« –, dann erhält man nicht nur das nicht, was man anstrebt, sondern erreicht sogar das genaue Gegenteil.

Diese Beobachtung ist überaus wichtig; sie erklärt, weshalb die Ergebnisse bei der Behandlung von seelischen Leiden mit dem Versuch einer Umerziehung des Willens so unbefriedigend ausfallen. Es kommt vielmehr darauf an, *die Erziehung der Vorstellungskraft* anzustreben. Dank dieser Nuancierung hat meine Methode schon oft dort Erfolg gehabt, wo andere Methoden, auch durchaus gute, versagt haben.

Aufgrund der vielen Erfahrungen, die ich seit zwanzig Jahren täglich mache und die ich mit größter Sorgfalt analysiere, bin ich zu folgenden Schlußfolgerungen gelangt, die ich in Form von Gesetzen zusammengefaßt habe:

1. Wenn der Wille und die Vorstellungskraft im Widerstreit stehen, siegt stets die Vorstellungskraft, ohne Ausnahme.
2. Im Konflikt zwischen dem Willen und der Vorstellungskraft beträgt die Vorstellungskraft genau so viel wie das Quadrat der Willenskraft.

3. Stimmen Wille und Vorstellungskraft überein, so werden diese Energien nicht bloß addiert, sondern vielmehr miteinander multipliziert.
4. Die Vorstellungskraft kann gelenkt werden.

(Die Formulierungen »genau so viel wie das Quadrat der Willenskraft« und »werden multipliziert« sind nicht unbedingt wissenschaftlich exakt. Sie sollen lediglich meine Gedanken versinnbildlichen.)

Nach den obigen Ausführungen könnte man den Eindruck gewinnen, daß eigentlich niemand krank sein müßte. Das ist richtig. *Jede Krankheit, fast ohne Ausnahme, kann durch Autosuggestion besiegt werden,* auch wenn meine Behauptung noch so gewagt und unglaubwürdig erscheinen mag. Ich behaupte aber nicht, daß sie immer besiegt wird, sondern: Sie kann besiegt werden, was nicht dasselbe ist.

Doch um die Menschen dazu zu bewegen, *bewußte Autosuggestion* zu betreiben, muß man ihnen erst beibringen, wie sie vorgehen müssen, genauso wie man ihnen Lesen und Schreiben beibringen muß.

Die Autosuggestion ist also, wie ich bereits erwähnt habe, ein Instrument, das wir von Geburt an in uns tragen und mit dem wir unbewußt unser ganzes Leben lang spielen, wie ein Baby mit seiner Kinderklapper spielt. Aber es ist ein gefährliches Instrument; es kann Sie verletzen, ja sogar umbringen, wenn Sie es unvorsichtig und unbewußt handhaben. Dagegen kann es Sie retten, wenn Sie es *bewußt* gebrauchen. Für sie gilt das, was Äsop über die Sprache gesagt hat: »Sie ist das Beste und gleichzeitig das Schlechteste auf der Welt.«

Ich werde Ihnen jetzt erklären, wie jedermann das wohltuende Wirken der bewußt durchgeführten Autosuggestion erfahren kann.

Wenn ich sage »jedermann«, übertreibe ich etwas, denn es gibt zwei Kategorien von Menschen, bei denen eine bewußte Autosuggestion schwierig durchzuführen ist:

1. Die geistig Zurückgebliebenen, die nicht begreifen können, was man ihnen erklärt.
2. Die Menschen, die nicht bereit sind, zu verstehen.

Wie lehrt man die Durchführung bewusster Autosuggestion?

Das Prinzip der Methode läßt sich kurz zusammenfassen:

Man kann zu einem bestimmten Zeitpunkt nur an eine Sache denken, das heißt, zwei Gedanken können in unserem Geist aneinandergereiht, nicht aber überlagert werden.

Jeder Gedanke, der unseren Geist ausschließlich beherrscht, wird für uns wahr und neigt dazu, sich in Handlung zu verwandeln.

Wenn es Ihnen also gelingt, einem Kranken klarzumachen, daß sein Leiden verschwindet, wird es auch verschwinden; wenn Sie einem Kleptomanen klarmachen, daß er nie mehr stehlen wird, wird er es nicht mehr tun usw.

Diese Erziehung des Geistes, die Ihnen vielleicht unmöglich erscheint, ist jedoch höchst einfach. Es genügt, mittels einer Reihe angemessener, abgestufter Versuche einer Versuchsperson das Abc des bewußten Denkens beizubringen – wie im folgenden gezeigt werden soll. Wenn man sich genau an die Anweisungen hält, wird man mit absoluter Sicherheit ein gutes Ergebnis erzielen. Ausgenommen davon sind jene beiden Menschengruppen, die ich bereits erwähnt habe.

Erster (vorbereitender) Versuch. Sie bitten die Versuchsperson, sich gerade zu halten, den Rücken starr wie eine Eisenstange. Die Füße stehen nebeneinander, und die Knöchel müssen geschmeidig wie Scharniere sein. Sie sagen ihr, sie solle sich mit einem Brett vergleichen, das an der unteren Schmalseite mit Angeln versehen ist und das man so auf den Boden stellt, daß es sich im Gleichgewicht hält. Drückt man es leicht nach vorn oder nach hinten, fällt es widerstandslos in die Richtung, in die man es gestoßen hat. Sie machen die Person darauf aufmerksam, daß Sie sie an den Schultern nach hinten ziehen werden; sie solle sich ohne den geringsten Widerstand in Ihre Arme fallen lassen, wobei sich ihre Knöchel wie Scharniere bewegen, das heißt, ihre Füße bleiben fest am Boden. Dann ziehen Sie die Person an den Schultern nach hinten. Gelingt der Versuch nicht, wiederholen Sie ihn so lange, bis er klappt, oder zumindest halbwegs.

Zweiter Versuch. Erklären Sie der Versuchsperson, daß Sie sie, um ihr die Wirkung der Vorstellungskraft zu demonstrieren, gleich bitten werden, sie möge denken: »Ich falle nach hinten, ich falle nach hinten usw.« und nur diesen Gedanken im Kopf haben. Sie dürfe nicht nachdenken und sich nicht fragen, ob sie fallen werde oder nicht und ob sie sich beim Fallen weh tun werde usw. Zudem dürfe sich die Person nicht, um Ihnen gefällig zu sein, absichtlich nach hinten fallen lassen, sondern solle einfach der Anziehungskraft nachgeben, die sie verspüre.

Dann bitten Sie die Person, kräftig den Kopf zu heben und die Augen zu schließen. Legen Sie ihr jetzt die rechte Faust auf den Nacken, die linke Hand auf die Stirn, und sagen Sie zu ihr: »Denken Sie: ›Ich falle nach hinten, ich falle nach hinten (usw.)‹, und Sie fallen tatsächlich nach hinten, Sie fal-len wirk-lich nach hinten (usw.).« Lassen Sie jetzt die linke Hand leicht nach hinten auf die linke Schläfe, oberhalb des Ohrs, gleiten. Ziehen Sie gleichzeitig *langsam,* sehr langsam, aber kontinuierlich, die rechte Faust zurück.

Sie spüren sofort, daß die Person nach hinten fällt, sich im Fallen fängt oder tatsächlich fällt. Im ersten Fall soll man ihr erklären, daß sie Widerstand geleistet habe. Sie habe nicht nur daran gedacht, daß sie fallen werde, sondern, daß sie sich beim Fallen vielleicht verletzen könnte. Denn hätte sie nicht diesen Gedanken gehabt, wäre sie einfach gefallen. Wiederholen Sie den Versuch, und schlagen Sie dabei einen Kommandoton an, als wollten Sie die Person zwingen, Ihnen zu gehorchen. Machen Sie so weiter, bis der Versuch ganz oder zumindest halbwegs gelingt. Am besten ist es, wenn Sie sich etwas im Hintergrund halten, den linken Fuß leicht vorgestellt, den rechten weit nach hinten, damit Sie von der Person beim Fall nicht mitgerissen werden. Wenn

Sie diese Vorsichtsmaßnahme außer acht lassen, können beide zu Boden stürzen, wenn es sich bei der Versuchsperson um eine schwergewichtige Person handelt.

Dritter Versuch. Weisen Sie die Person an, sich mit gestrecktem Rücken direkt vor Sie hinzustellen, die Füße parallel und die Knöchel locker. Dann legen Sie ihr die Hände an die Schläfen, ohne zu drücken, blicken ihr, ohne mit der Wimper zu zucken, auf die Nasenwurzel und befehlen ihr zu denken: »Ich falle nach vorn, ich falle nach vorne.« Dann sprechen Sie selber ihr diese Worte vor, wobei Sie die einzelnen Silben betonen: »Sie fal-len nach vor-ne, Sie fal-len nach vor-ne« usw., wobei Sie die Versuchsperson nicht aus den Augen lassen.

Vierter Versuch. Sie bitten die Versuchsperson, die Hände zu verschränken und die Finger so fest wie möglich zusammenzudrücken, bis sie leicht zu zittern anfangen. Sie sehen sie wie im dritten Versuch fest an, umfassen ihre Hände, drücken sie leicht und tun dabei so, als wollten sie sie kräftiger drücken. Dann sagen Sie zu ihr, sie könne sie erst dann wieder lösen, wenn Sie bis drei gezählt haben. Wenn Sie »drei« sagen, solle sie versuchen, die Hände wieder zu lösen, wobei sie immer denken soll: »Ich kann nicht, ich kann nicht usw.« Die Person wird feststellen, daß ihr das wirklich nicht möglich ist. Sie zählen »eins, zwei, drei«, sehr langsam, und fügen sofort hinzu, wobei Sie die Silben voneinander abheben: »Sie kön-nen nicht, Sie kön-nen nicht usw.« Wenn die Versuchsperson denkt: »Ich kann nicht«, dann kann sie nicht nur die Finger nicht lösen, sondern diese werden sogar noch stärker zusammengepreßt, je mehr sie sich bemüht, sie zu lösen. Sie erreicht genau das Gegenteil dessen, was sie anstrebte. Nach ein paar Sekunden sagen Sie zu ihr: »Denken Sie jetzt: ›Ich kann‹«, und daraufhin werden sich ihre Finger lösen.

Achten Sie darauf, daß Sie den Blick auf die Nasenwurzel der Person gerichtet halten, und lassen Sie nicht zu, daß diese auch nur einen Augenblick lang den Blick abwendet.

Wenn Sie feststellen, daß die Person ihre Hände lösen kann, dürfen Sie nicht glauben, Sie seien schuld daran. Die Versuchsperson ist dafür verantwortlich, denn sie hat nicht stark genug gedacht: »Ich kann nicht.« Sagen Sie ihr dies mit Entschiedenheit, und wiederholen Sie die Übung.

Schlagen Sie immer einen Befehlston an, der keinen Ungehorsam duldet. Ich möchte nicht behaupten, daß man dazu die Stimme heben muß; es ist im Gegenteil sinnvoller, einen normalen Ton anzuschlagen, dafür aber jedes Wort stark zu betonen.

Wenn dieser Versuch gelingt, werden auch die weiteren glücken, und sie gelingen mühelos, wenn man sich Wort für Wort an die obengenannten Anweisungen hält.

Manche Menschen sind sehr empfindsam, was man an der Anspannung ihrer Finger und Muskeln erkennt. Nach zwei bis drei gelungenen Versuchen braucht man ihnen nicht mehr zu sagen: »Denken Sie an dies, denken Sie an jenes.« Man sagt ihnen ganz einfach, aber bestimmt, wie es sich für einen guten Suggestionslehrer gehört: »Ballen Sie die Faust; jetzt können Sie sie nicht mehr öffnen. Schließen Sie die Augen; jetzt können Sie sie nicht mehr öffnen« usw. – und die Person ist nicht mehr in der Lage, die Faust oder die Augen zu öffnen, sosehr sie sich auch bemühen mag. Wenn man ihr dann nach einer kurzen Weile sagt: »Sie können«, löst sich sofort die Anspannung, und sie öffnet die Faust und die Augen.

Diese Versuche können endlos variiert werden. Hier nur einige Vorschläge: Die Person soll die Hände verschränken, und Sie suggerieren ihr, daß sie zusammengeschweißt sind. Sie soll eine Hand auf den Tisch legen, und Sie suggerieren ihr, daß die Hand festklebt. Sie erklären der Versuchsperson, daß sie an ihrem Stuhl festklebe und nicht mehr aufstehen könne. Sie sagen ihr, sie solle aufstehen, könne aber nicht gehen. Sie reden ihr ein, daß der Füller auf dem Tisch hundert Kilo wiege und sie ihn nicht hochheben könne usw.

Ich kann es nicht oft genug wiederholen: Bei all diesen Versuchen bewirkt nicht die Suggestion als solche diese Phänomene, sondern die an die Suggestion sich anschließende *Autosuggestion* des Individuums.

Verfahren bei der Suggestion zu Heilzwecken

Wenn sich die Versuchsperson den eben erwähnten Versuchen unterzogen und sie verstanden hat, ist sie bereit für die Suggestion zu Heilzwecken. Sie ist ein bearbeitetes Feld, auf dem die Saat aufgehen kann. Vorher, als es noch nicht bearbeitet war, wäre die Saat vertrocknet, d. h., wäre die Suggestion wirkungslos geblieben.

Ungeachtet dessen, ob bei der betreffenden Person ein seelisches oder körperliches Leiden vorliegt, soll man stets auf die gleiche Art und Weise vorgehen und je nach Fall mit kleinen Abwandlungen die folgenden Worte sprechen:

»Setzen Sie sich, und schließen Sie die Augen. Ich werde nicht versuchen, Sie in Schlaf zu versetzen, das ist überflüssig. Ich möchte nur, daß Sie die Augen schließen, um nicht durch die Gegenstände abgelenkt zu werden, auf die Ihr Blick fällt. Sagen Sie sich jetzt, daß alle Worte, die ich aussprechen werde, sich in Ihrem Gehirn festsetzen, sich dort einnisten sollen. Sagen Sie sich weiter, daß es wichtig ist, daß meine Worte fest verankert bleiben und daß Ihr Organismus und Sie selbst ihnen gehorchen müssen, ohne daß Sie es wollen oder auch nur wissen, ganz unbewußt. Ich sage Ihnen zuerst, daß Sie jeden Tag dreimal, morgens, mittags, abends, zu den Essenszeiten Hunger haben werden, das heißt, Sie werden jenes angenehme Gefühl verspüren, das Sie denken und sagen läßt: ›Oh, wie gerne würde ich jetzt essen!‹ Sie essen tatsächlich sehr gern, ohne jedoch zu viel zu essen. Aber Sie achten darauf, Ihre Speisen gründlich zu kauen, um sie in eine Art weichen Brei zu verwandeln, den Sie hinunterschlucken. Unter diesen Umständen verdauen Sie gut und empfinden weder im Magen noch im Darm Unbehagen oder Schmerz irgendwelcher Art. Folglich profitiert Ihr Stoffwechsel davon, und Ihr Körper wird all diese Stoffe in Blut, Muskeln, Kraft und Energie, kurzum in Leben, umsetzen.

Nachdem Sie gut verdaut haben werden, wird auch Ihre Ausscheidung normal funktionieren, und Sie werden jeden Morgen nach dem Aufstehen das Bedürfnis haben, ihren Darm zu entleeren, ohne je ein Medikament zu nehmen oder ein sonstiges Mittel. Das Ergebnis, das Sie erzielen, wird immer normal und befriedigend sein.

Weiter werden Sie jede Nacht, von dem Augenblick an, da Sie einschlafen wollen, bis zu dem Zeitpunkt am nächsten Morgen, da Sie aufwachen wollen, einen tiefen, ruhigen, entspannten Schlaf ohne Alpträume haben, einen Schlaf, der Sie erquickt, munter und heiter macht.

Wenn Sie dagegen manchmal traurig oder niedergeschlagen sind, sich Sorgen machen und pessimistisch sind, wird das von nun an anders werden. Statt traurig, niedergeschlagen zu sein, statt sich Sorgen zu machen und pessimistisch zu sein, werden Sie heiter, und zwar grundlos heiter sein, genauso wie Sie grundlos traurig sein können. Ich gehe noch weiter: Selbst wenn Sie echte Gründe haben, sich Sorgen zu machen und betrübt zu sein, berührt Sie das nicht.

Wenn Sie von Zeit zu Zeit ungeduldig oder zornig sind, werden Sie keine solchen Anwandlungen mehr haben; Sie werden im Gegenteil immer geduldig und selbstbeherrscht sein, und die Dinge, die Sie bisher bekümmerten und ärgerten, werden Sie künftig völlig gleichgültig lassen und Sie nicht aus der Ruhe bringen.

Wenn Sie manchmal von negativen und für Sie gefährlichen Ideen verfolgt, ja besessen werden, von Ängsten und Phobien, von Versuchungen und Groll, so werden diese allmählich aus Ihrer Vorstellungskraft verschwinden, sich auflösen wie eine Wolke. Wie der Traum beim Erwachen verblaßt, so werden all diese Hirngespinste verschwinden.

Ich versichere Ihnen, daß all Ihre Organe gut funktionieren: Ihr Herz schlägt normal, und der Kreislauf funktioniert ordnungsgemäß, genauso die Lunge; der Magen, der Darm, die Leber, die Galle, die Nieren, die Blase, alle erfüllen ihre Aufgabe befriedigend. Wenn eines dieser Organe im Augenblick etwas gestört ist, verschwindet diese Anomalie von Tag zu Tag, bis sie in absehbarer Zeit völlig verschwunden ist und dieses Organ wieder normal funktioniert.

Wenn jedoch eines dieser Organe eine Schädigung aufweist, kuriert diese allmählich aus und wird bald ganz geheilt sein.«

(Ich möchte darauf hinweisen, daß ein Organ auch heilen kann, ohne daß man um seine Schädigung weiß. Unter dem Einfluß der Autosuggestion »Es geht mir jeden Tag in jeder Hinsicht immer besser und besser«

wirkt das Unbewußte auf dieses bestimmte Organ ein, das es selbst herausfindet.)

»Ich möchte noch folgendes hinzufügen, was mir als ungeheuer wichtig erscheint. Ich versichere Ihnen: Wenn Sie bisher sich selbst gegenüber ein gewisses Mißtrauen empfunden haben, wird dieses nach und nach verschwinden und an seine Stelle Selbstvertrauen treten, das auf der Wirkung der unberechenbaren Kraft beruht, die uns innewohnt. Und dieses Selbstvertrauen ist für jedes menschliche Wesen ein absolutes Muß. Ohne Selbstvertrauen erreicht man nichts, mit Selbstvertrauen jedoch alles (natürlich nur im Bereich des Vernünftigen). Sie entwickeln also Selbstvertrauen, und dieses verleiht Ihnen die Gewißheit, daß Sie fähig sind, alles, was Sie wollen, sofern es vernünftig ist, und auch alles, was in den Bereich Ihrer Pflicht fällt, gut, ja vortrefflich auszuführen.

Wenn Sie also etwas Vernünftiges tun wollen, wenn Sie eine Aufgabe erfüllen müssen, denken Sie immer daran, daß dies *leicht* zu erledigen ist. Die Begriffe ›schwierig, unmöglich, ich kann nicht, das ist stärker als ich, ich kann nicht anders als ...‹ müssen aus Ihrem Wortschatz verschwinden. Sie müssen ersetzt werden durch ›*das ist leicht* und *ich kann es*‹. Wenn Sie etwas als leicht ansehen, wird es für Sie leicht sein, auch wenn es für andere schwierig erscheinen mag. Sie erledigen es schnell und gut, ohne zu ermüden, denn Sie machen es ja

> mühelos. Hätten Sie es jedoch als schwierig oder unmöglich angesehen, wäre es für Sie auch schwierig gewesen, aber nur deshalb, weil Sie es sich so vorstellten.«

Diese allgemeinen Suggestionen, die manchen vielleicht etwas weitschweifig, ja sogar kindlich erscheinen mögen, die aber *notwendig* sind, sollen durch jene ergänzt werden, die für die spezielle Person gelten, mit der Sie sich gerade beschäftigen.

All diese Suggestionen müssen in einem monotonen, einschläfernden Ton gesprochen werden (wobei jedoch die wichtigen Worte betont werden müssen), damit die Person wenn nicht in Schlaf, doch wenigstens in Halbschlaf versetzt wird und an nichts mehr denkt.

Wenn die Reihe der Suggestionen beendet ist, wendet man sich mit folgenden Worten an die betreffende Person:

> »Insgesamt gesehen will ich, daß Sie sich in jeder Hinsicht, körperlich und seelisch, ausgezeichneter Gesundheit erfreuen, die besser ist als Ihre bisherige. Ich werde jetzt bis drei zählen, und wenn ich drei sage, öffnen Sie die Augen und lösen sich aus Ihrem jetzigen Zustand, und zwar in aller Ruhe. Dabei werden Sie keineswegs schlafen oder müde sein, ganz im Gegenteil. Sie fühlen sich stark, munter, heiter und voller Energie; außerdem fühlen Sie sich in jeder Hinsicht wohl: Eins, zwei, drei.«

Bei »drei« öffnet die Person die Augen und lächelt, wobei ihr Gesicht einen Ausdruck der Zufriedenheit und des Behagens erkennen läßt.

Nach Beendigung dieser kleinen Rede fügen Sie folgendes hinzu:

Wie die bewusste Autosuggestion durchzuführen ist

Jeden Morgen nach dem Erwachen und jeden Abend vor dem Einschlafen soll man die Augen schließen, *ohne die Aufmerksamkeit auf das zu richten, was man sagt,* und ziemlich laut, um *seine eigenen Worte zu hören,* den folgenden Satz wiederholen, indem man an einer Schnur 20 Knoten abzählt: »*Es geht mir jeden Tag in jeder Hinsicht immer besser und besser.*« Da die Worte »*in jeder Hinsicht*« sowohl seelische als auch körperliche Beschwerden mit einschließen, erübrigt sich die Durchführung spezieller Autosuggestionen.

Diese Autosuggestion soll so *einfach*, so *kindlich* und so *mechanisch* wie möglich erfolgen, das heißt *mühelos*. Kurzum: Die Formel muß wie eine Litanei heruntergeleiert werden.

Dadurch dringt sie mechanisch übers Ohr ins Unbewußte, und wenn sie dort eingedrungen ist, wirkt sie. *Diese Methode sollte man sein ganzes Leben lang anwenden, da sie sowohl präventiv als auch heilend wirkt.*

Weiter soll man jedesmal, wenn man im Laufe des Tages oder der Nacht körperliches oder seelisches Unbehagen empfindet, sich selbst versichern, daß man nicht bewußt dazu beiträgt, und dafür sorgen, daß es verschwindet. Dann soll man sich so gut wie möglich abschotten, die Augen schließen und mit der Hand über die Stirn streichen, wenn es sich um ein seelisches Unbehagen handelt, oder über die schmerzende Stelle, wenn ein körperlicher Schmerz vorliegt. Dabei wiederholt man *so schnell wie möglich* die Worte: »Das geht vorüber, das geht vorüber usw.«, so lange, wie es nötig ist. Mit ein wenig Übung kann man erreichen, daß der körperliche oder seelische Schmerz nach 20 bis 25 Sekunden verschwindet. Dies wiederholt man so oft wie erforderlich.

(Die Autosuggestion ersetzt keine Arztbehandlung, aber sie stellt eine wertvolle Hilfe sowohl für den Kranken als auch den Arzt dar.)

Nachdem ich Ihnen Ratschläge erteilt habe, muß ich Ihnen zeigen, wie sie umgesetzt werden.

Es ist leicht zu erkennen, welche Aufgabe der Suggerierende hat. Er ist kein Herr, der befiehlt, sondern ein Freund, ein Führer, der den Kranken Schritt für Schritt zur Heilung führt. Da all diese Autosuggestionen im Interesse des Kranken erfolgen, muß sein Unbewußtes bereit sein, sie sich zu eigen machen, um sie in Autosuggestion zu verwandeln. Danach steht einer mehr oder weniger schnellen Heilung nichts mehr im Wege.

Eine überlegene Methode

Diese Methode erzielt phantastische Ergebnisse, und es ist leicht zu verstehen, weshalb. Wenn man nämlich so vorgeht, wie ich es empfehle, wird man nie einen Mißerfolg erleiden. Eine Ausnahme bilden jene beiden bereits erwähnten Personengruppen, die aber zum Glück nur drei Prozent aller Menschen ausmachen.

Wenn man dagegen versucht, die Person ohne vorherige Erklärung in Schlaf zu versetzen, ohne die Vortests durchzuführen, die erforderlich sind, damit sie die Suggestion akzeptiert und in Autosuggestion verwandelt, kann es sein, daß man überhaupt keine Wirkung erzielt oder nur bei äußerst sensiblen Menschen, von denen es allerdings nicht sehr viele gibt.

Jeder kann diesen Zustand durch Übung erreichen, aber nur sehr wenige schaffen es ohne die vorherige Einweisung, die ich Ihnen empfehle und die im übrigen in einigen Minuten erledigt ist.

Früher, als ich mir einbildete, daß die Suggestion nur während des Schlafs erfolgreich wirken könne, versuchte ich immer, die Person in Schlaf zu versetzen. Nachdem ich aber festgestellt hatte, daß dies nicht unbedingt erforderlich ist, habe ich es unterlassen, um dem Patienten die Furcht und die Angst zu ersparen, die er fast immer empfindet, wenn man ihm erklärt, daß man ihn in Schlaf versetzen werde. Diese Furcht bewirkt oft, daß er sich unwillkürlich dem Schlaf widersetzt. Wenn Sie ihm dagegen erklären, daß Sie ihn nicht in Schlaf versetzen werden, dies auch völlig unnötig sei, gewinnen Sie sein Vertrauen. Er hört Ihnen dann ohne Angst zu, ohne jeglichen Hintergedanken, und es geschieht oft, wenn auch nicht unbedingt beim ersten Mal, zumindest aber doch ziemlich bald, daß er sich von der monotonen Tonlage Ihrer Stimme einlullen läßt und in tiefen Schlaf verfällt. Wenn er wieder aufwacht, stellt er ganz erstaunt fest, daß er geschlafen hat.

Falls es unter Ihnen Ungläubige gibt – ganz bestimmt gibt es sie –, dann erkläre ich diesen schlichtweg: »Kommen Sie zu mir, überzeugen Sie sich selbst. Die Tatsachen sprechen für sich.«

Glauben Sie nicht, Sie müßten, um die Suggestion durch- und die Autosuggestion herbeizuführen, immer so verfahren, wie ich es eben beschrieben habe. Die Suggestion kann auch ohne Wissen des Patienten und ohne jegliche Vorbereitung durchgeführt werden. Wenn zum Beispiel ein Arzt, der allein durch seinen Titel eine suggestive Wirkung auf den Kranken ausübt, diesem erklärt, er könne ihm nicht helfen, weil seine Krankheit unheilbar sei, so bewirkt er bei diesem eine Autosuggestion, die die verheerendsten Folgen haben kann. Wenn er ihm dagegen sagt, daß sein Zustand zweifellos ernst sei, sich jedoch bei guter Pflege, Geduld und viel Zeit eine Heilung einstellen werde, kann er manchmal, ja sogar oft, erstaunliche Resultate erzielen.

Ein weiteres Beispiel: Wenn der Arzt nach der Untersuchung dem Patienten ein Rezept ausstellt und kommentarlos überreicht, werden die verordneten Medikamente wenig nützen. Wenn er aber seinem Patienten erklärt, wie und wann die Medikamente eingenommen werden müssen und welche Wirkungen sie haben, werden mit fast hundertprozentiger Sicherheit die vorausgesagten Wirkungen eintreten.

Die hier anwesenden Ärzte oder Kollegen dürfen mich nicht als ihren Feind ansehen; im bin vielmehr ihr bester Freund. Einerseits wünsche ich mir, daß sich die Ärzte während ihres Studiums theoretisch und praktisch mit der Suggestion beschäftigen müßten, zum größten Wohl der Kranken und der Ärzte selbst, andrerseits aber glaube ich fest, daß der Arzt dem Patienten, der in seine Praxis kommt, immer ein Medikament oder sogar mehrere verschreiben muß, auch wenn diese nicht erforderlich wären. Der Kranke konsultiert seinen Arzt, um von ihm die Medizin zu bekommen, die ihn heilt. Er weiß nicht, daß meistens eine gesunde Lebensführung oder eine Diät die Genesung bewirken würde, oder mißt dem wenig Bedeutung bei. Er glaubt, nur ein Medikament könne ihm Heilung bringen.

Verschreibt der Arzt seinem Patienten nur eine Diät und keinerlei Medikament, ist dieser unzufrieden. Er sagt sich, daß er sich nicht hätte extra herbeibemühen müssen, wenn man ihm doch nichts verschreibe. Und oft sucht er dann einen anderen Arzt auf. Offenbar muß also der Arzt seinen Patienten immer Medikamente verschreiben, wenn möglich jedoch keines dieser Spezialmittel, für die soviel Werbung gemacht wird, die sie meistens überhaupt nicht wert sind, sondern auf den Patienten abgestimmte Medikamente, die dem Kranken weit mehr Vertrauen einflößen als die Pillen X oder das

Pulver Y, die er sich leicht ohne ein Rezept in jeder Apotheke besorgen kann.

DIE WIRKUNGSWEISE DER SUGGESTION

Um die Rolle der Suggestion oder vielmehr der Autosuggestion richtig zu begreifen, genügt es zu wissen, daß *das Unbewußte all unsere Körperfunktionen regelt*. Wenn wir ihm, wie ich bereits erwähnt habe, einreden, daß das Organ, das nicht gut funktioniert, gut funktionieren soll, so wird es diesem Organ sofort den Befehl übermitteln, und das Organ wird seine Aufgabe sofort oder allmählich wieder normal erfüllen, da es dem Unbewußten brav gehorcht.

Daher läßt sich einfach und einleuchtend erklären, wie man durch die Suggestion Blutungen stillen, Verstopfung beheben, Geschwülste zum Verschwinden bringen, Lähmungen, tuberkulöse Erkrankungen und Krampfadern heilen kann.

Ich führe das Beispiel einer Zahnblutung an, die ich in der Praxis des Zahnarztes Gauthé in Troyes erlebt habe. Ein junges Mädchen, dessen seit acht Jahren andauerndes Asthmaleiden durch meine Hilfe geheilt worden war, erzählte mir eines Tages, es wolle sich einen Zahn ziehen lassen. Da ich wußte, daß sie sehr empfindlich war, bot ich ihr an, ihn schmerzlos ziehen zu lassen. Natürlich war sie gerne dazu bereit, und wir machten einen Termin mit dem Zahnarzt aus. Am festgelegten Tag gingen wir zu ihm. Ich stellte mich vor das junge Mädchen und sagte: »Sie spüren nichts, Sie spüren nichts, Sie spüren nichts«, und ich gab dem Zahnarzt ein Zeichen, ohne meine Suggestion zu unterbrechen. Und schon war der Zahn gezogen, ohne daß Mademoiselle D. auch nur mit der Wimper gezuckt hätte. Es folgte eine Blutung, wie das oft der Fall ist. Ich sagte dem Zahnarzt, er solle mich Suggestion praktizieren lassen, statt ein blutstillendes Mittel zu verwenden. Dabei wußte ich nicht im voraus, was geschehen würde. Ich bat also Mademoiselle D., mich anzusehen, und suggerierte ihr, die Blutung werde innerhalb von zwei Minuten aufhören. Wir warteten. Das junge Mädchen spuckte noch etwas Blut und dann nichts mehr. Ich bat sie, den Mund zu öffnen, und wir stellten fest, daß sich in der Zahnmulde ein Blutklümpchen gebildet hatte.

Wie erklärt sich dieses Phänomen? Sehr einfach. Beeinflußt von dem Gedanken: »Die Blutung muß aufhören«, hatte das Unbewußte den kleinen Äderchen und Venen den Befehl erteilt, kein Blut mehr ausfließen zu lassen. Gehorsam hatten sie sich auf natürliche Weise zusammengezogen, wie sie es auch auf künstliche Weise, unter Einwirkung eines blutstillenden Mittels, zum Beispiel Adrenalin, getan hätten.

Genauso kann man sich das Verschwinden einer Geschwulst des Bindegewebes erklären. Nachdem das Unbewußte den Gedanken »Die Geschwulst muß verschwinden« aufgenommen hat, befiehlt das Gehirn den Blutgefäßen, die ihr Blut zuführen, sich zusammenzuziehen. Diese tun, wie ihnen geheißen, verweigern ihren Dienst und nähren die Geschwulst nicht weiter, die ohne Blutzufuhr abstirbt, austrocknet und verschwindet.

Anwendung der Suggestion zur Heilung von seelischen Erkrankungen und angeborenen oder erworbenen Charakterfehlern

Die Neurasthenie, die heutzutage so häufig auftritt, verschwindet im allgemeinen nach wiederholter Suggestion, wie ich sie eben beschrieben habe. Ich hatte das Glück, zur Heilung vieler Neurastheniker beitragen zu können, bei denen alle Behandlungen wirkungslos geblieben waren. Einer davon hatte sogar einen Monat in einer Nervenheilanstalt in Luxemburg verbracht, ohne eine Besserung zu erlangen. In sechs Wochen konnte ich ihn völlig heilen, und er ist jetzt der glücklichste Mensch der Welt, nachdem er vorher todunglücklich gewesen war. Und er wird keinen Rückschlag erleiden, denn ich habe ihm beigebracht, wie er sich bewußter Autosuggestion unterzieht, was er hervorragend beherrscht.

Wenn aber die Suggestion bei der Behandlung seelischer und körperlicher Leiden nützlich ist, kann sie der Gesellschaft noch viel größere Dienste erweisen, indem sie die unglücklichen Kinder der Besserungsanstalten, die sich, nachdem sie diese hinter sich gelassen haben, gewöhnlich in die Schar der Verbrecher einreihen, zu anständigen Menschen erzieht.

Man halte mir ja nicht entgegen, dies sei unmöglich. Es *ist möglich,* und ich kann Ihnen den Beweis dafür liefern.

Ich möchte zwei typische Fälle anführen, muß aber zuvor eine Erklärung anfügen. Um Ihnen verständlich zu machen, wie die Suggestion bei der Behandlung von seelischen Erkrankungen wirkt, will ich folgendes Bild verwenden. Nehmen wir an, unser Gehirn sei ein Brett, in das Stifte getrieben sind, die unsere Ideen, Gewohnheiten und Instinkte symbolisieren und durch die unsere Handlungen bestimmt werden. Stellen wir nun fest, daß bei einem bestimmten Menschen eine negative Idee, eine schlechte Gewohnheit oder ein schlechter Instinkt vorherrscht, mit anderen Worten ein schlechter Stift, nehmen wir einen anderen, der die positive Vorstellung, die gute Gewohnheit oder den guten Instinkt symbolisiert, setzen ihn auf den schlechten Stift und treiben ihn mit dem Hammer hinein. Wir praktizieren also Suggestion. Gräbt sich zum Beispiel der neue Stift einen Millimeter tief ein, tritt der alte um einen Millimeter hervor. Bei jedem Hammerschlag, das heißt bei jeder neuen Suggestion, dringt er noch einen Millimeter tiefer ein, und der vorherige Stift tritt um einen Millimeter weiter hervor, so daß nach einer bestimmten Anzahl von Hammerschlägen der erste Stift völlig herausgetreten ist und der neue dessen Platz eingenommen hat. Von jetzt an wird der Betroffene dem neuen Stift gehorchen.

Zurück zu meinen Fällen.

Der elfjährige M. aus Troyes erlitt Tag und Nacht kleine »Mißgeschicke«, wie sie typisch für die frühe Kindheit sind. Außerdem war er kleptoman veranlagt und natürlich auch verlogen. Auf Bitten seiner Mutter unterzog ich ihn der Suggestion. Bereits nach der ersten Sitzung hörten die »Mißgeschicke« während des Tages auf, hielten aber bei Nacht noch an. Doch ganz allmählich nahmen auch sie ab, und nach ein paar Monaten war das Kind völlig geheilt. Gleichzeitig verspürte es immer weniger den Drang, sich fremdes Gut anzueignen, und nach einem halben Jahr war der Junge von der Kleptomanie befreit.

Der achtzehnjährige Bruder dieses Kindes haßte einen seiner Brüder abgrundtief. Jedesmal wenn er etwas beschwipst war, verspürte er den Drang, das Messer zu ziehen und damit auf diesen Bruder einzustechen. Im tiefsten Innern fühlte er, daß er es eines Tages tun würde. Er wußte aber auch, daß er nach vollbrachter Tat schluchzend über der Leiche seines Opfers zusammenbrechen würde.

Ich unterzog ihn ebenfalls der Suggestion und hatte durchschlagenden Erfolg! Er war bereits nach der ersten Sitzung geheilt. Der Haß auf seinen Bruder war wie ausgelöscht. Die Brüder waren von da an gute Freunde und versuchten, gut miteinander auszukommen.

Ich habe diesen jungen Mann über einen längeren Zeitraum beobachtet; er war wirklich völlig geheilt.

Wenn man durch Suggestion solche Ergebnisse erzielt, wäre es dann nicht sinnvoll, ja drängt es sich nicht geradezu auf, diese Methode in den Besserungsanstalten einzuführen? Ich bin völlig überzeugt davon, daß man durch täglich angewandte Suggestion 50 Prozent der straffällig gewordenen Jugendlichen wieder auf den rechten Weg zurückführen kann. Würde man der Gesellschaft nicht einen großen Dienst erweisen, wenn man Menschen, die einst vom rechten Weg abgekommen waren, wieder als vollwertige Mitglieder in diese integrieren könnte?

Vielleicht wird man mir entgegenhalten, bei der Suggestion bestehe die Gefahr des Mißbrauchs. Aber dieser Einwand entbehrt jeder Grundlage. Erstens weil man nur seriösen Personen erlauben würde, Suggestion zu praktizieren, zum Beispiel den Ärzten der Besserungsanstalten, und zweitens weil sich jene, die Mißbrauch mit der Suggestionsmethode treiben wollten, sowieso nicht davon abhalten lassen würden.

Doch selbst wenn man einräumen würde, daß die Suggestion eine gewisse Gefahr in sich birgt (was nicht der Fall ist), möchte ich jene, die diesen Einwand vorbringen, fragen, ob es überhaupt irgend etwas gibt, das ungefährlich ist. Etwa die Dampfkraft, das Schießpulver, die Eisenbahnen, die Schiffe, die Elektrizität, die Autos oder die Flugzeuge? Sind die Gifte, die wir Ärzte und Apotheker täglich in minimaler Dosierung verwenden und die tödlich sein können, wenn wir in einem unbedachten Augenblick eine zu hohe Dosis nehmen, etwa unbedenklich?

Einige Fälle von Heilung durch Suggestion

Dieses kleine Werk wäre ohne Fallbeispiele unvollständig. Ich erwähne nicht alle, bei denen ich beteiligt war; das würde zu weit führen und wäre wohl auch etwas ermüdend. Ich beschränke mich nur auf einige der aufsehenerregendsten.

Mademoiselle M. D. aus Troyes leidet seit Jahren an Asthma, muß den größten Teil der Nacht aufrecht sitzend im Bett verbringen, um ihre Lungen, die ihr den Dienst verweigern, mit Luft zu füllen. Bei den Vortests erweist sie sich als sehr empfänglich für suggestive Praktiken. Bereits am ersten Tag der Behandlung zeigt sich ganz deutlich eine Besserung ihres Befindens. Mademoiselle D. verbringt eine angenehme Nacht, hat lediglich einen Asthmaanfall von einer Viertelstunde. Nach erstaunlich kurzer Zeit verschwindet das Asthma völlig. Es erfolgt auch kein Rückfall.

Monsieur M. aus Sainte-Savine bei Troyes, der in einer Strumpfwarenfabrik in der Nähe von Troyes arbeitet, ist seit zwei Jahren infolge von Verletzungen an der Wirbelsäule gelähmt. Die unteren Gliedmaßen sind angeschwollen und haben durch den starken Blutandrang eine bläulich-violette Färbung angenommen. Verschiedene Behandlungsmethoden, darunter auch eine gegen Syphilis, führten zu keinem Erfolg. Die Vortests verliefen recht positiv. Ich unterzog den Patienten der Suggestion, und dann praktizierte er acht Tage lang Autosuggestion. Danach konnte er das linke Bein schon ein wenig bewegen. Auch wenn es eine fast unmerkliche Bewegung war, stellte sie doch einen deutlichen Fortschritt dar. Ich wandte nochmals Suggestion an. Nach weiteren acht Tagen war eine starke Besserung festzustellen, und nach vierzehn Tagen war die Schwellung der Gliedmaßen zurückgegangen. Nach elf Monaten, am 1. November 1906, konnte der Kranke die Treppe allein hinuntergehen und legte 800 Meter zu Fuß zurück. Im Juli 1907 nahm er seine Arbeit in der Fabrik wieder auf. Die Lähmung war völlig überwunden.

Monsieur A. G. aus Troyes leidet seit langem an einer Dünndarmentzündung. Verschiedene Behandlungen hatten keine Heilung gebracht. Monsieur G.s Gemütsverfassung ist sehr schlecht. Er ist niedergeschlagen und menschenscheu, denkt an Selbstmord.

Die Vortests verlaufen positiv. Die anschließende Suggestion erbringt bereits beim ersten Mal beachtlichen Erfolg. Drei Monate lang werden täglich Suggestionen durchgeführt. Dann werden sie immer seltener angewandt. Nach dieser Zeit ist die Darmentzündung völlig ausgeheilt, seine Gemütsverfassung ausgezeichnet. Da diese Heilung zwölf Jahre zurückliegt, ohne daß sich Anzeichen eines Rückfalls gezeigt hätten, kann sie als vollkommen angesehen werden. Monsieur G. ist ein eindrucksvolles Beispiel dafür, welche Wirkungen die Suggestion oder vielmehr die Autosuggestion ausüben kann. Die Suggestion, der ich ihn im Hinblick auf sein körperliches Leiden unterzog, wirkte sich auch auf seine seelische Verfassung aus, und er akzeptierte sowohl das eine als auch das andere. Zudem gewann er von Tag zu Tag mehr Selbstvertrauen. Da er ein tüchtiger Arbeiter war, suchte er, um mehr zu verdienen, einen Fabrikanten, der ihm einen Webstuhl überließe, damit er in Heimarbeit für ihn arbeiten könne. Einige

Zeit später vertraute ihm ein Fabrikant, der ihn hatte arbeiten sehen, eine solche Maschine an. Dank seiner Geschicklichkeit verstand er es, den Arbeitsertrag der Maschine ungewöhnlich zu steigern. Der Fabrikant, der sich über dieses Ergebnis freute, übertrug ihm eine weitere Maschine, dann noch eine usw., so daß Monsieur G., der ohne die Zuhilfenahme der Suggestion einfacher Arbeiter geblieben wäre, jetzt sechs Webstühle beaufsichtigt, die ihm beträchtliche Einkünfte bringen.

Madame D. aus Troyes, 30 Jahre alt, leidet an Tuberkulose im Endstadium. Trotz häufiger Nahrungsaufnahme magert sie immer mehr ab. Sie hustet ständig und spuckt Blut; sie scheint nur noch ein paar Monate vor sich zu haben. Die Vortests ergeben eine große Suggestionsempfänglichkeit. Nachdem sie der Suggestion unterzogen wurde, zeigt sich sofort eine Besserung. Bereits am Tag darauf mildern sich die schweren Symptome. Die Besserung wird jeden Tag deutlicher, die Kranke nimmt wieder an Gewicht zu, obwohl sie sich ganz normal ernährt. Nach ein paar Monaten scheint die Heilung vollkommen zu sein. Madame D. schreibt mir am 1. Januar 1911, achtzehn Monate nach meiner Abreise aus Troyes, um mir zu danken. Sie berichtet mir, daß sie schwanger sei und sich hervorragend fühle.

Diese Fälle liegen schon lange zurück. Ich habe sie bewußt angeführt, um zu demonstrieren, daß die Heilung nachhaltig ist. Aber ich möchte noch einige Fälle neueren Datums anführen.

Monsieur X., Postangestellter in Lunéville, verliert im Januar 1910 ein Kind. Die Folge ist ein Schock, der sich durch unkontrollierbares nervöses Zittern äußert. Im Juni bringt ihn sein Onkel zu mir. Ich absolviere die Vortests mit ihm und unterziehe ihn dann der Suggestion. Vier Tage später kommt der Kranke wieder; er berichtet mir, das Zittern habe aufgehört. Ich praktiziere erneut Suggestion mit ihm und bitte ihn, in acht Tagen wieder zu kommen. Es vergehen acht Tage, vierzehn Tage, drei Wochen, ein Monat. Kein Lebenszeichen von ihm.

Dann sucht mich sein Onkel auf und erzählt mir, er habe einen Brief von seinem Neffen erhalten. Diesem gehe es ausgezeichnet. Er arbeite wieder als Telegrafenbeamter (während seiner Krankheit hatte er diesen Beruf nicht mehr ausüben können), und am Tag vorher habe er ohne Schwierigkeiten ein Telegramm mit 170 Wörtern durchgegeben. Weiter schreibe er, er hätte auch ein längeres Telegramm geschafft. Er erlebte keinen Rückfall.

Monsieur Y. aus Nancy, der seit mehreren Jahren an Neurasthenie leidet, hat Phobien, Ängste, schlechte Magen- und Darmfunktionen, schlechten Schlaf; seine Stimmung ist düster, und er spielt mit Selbstmordgedanken; beim Gehen schwankt er wie ein Betrunkener, muß ununterbrochen an sein Leiden denken. Alle Behandlungen erwiesen sich als wirkungslos, und sein Zustand verschlechtert sich zusehends. Auch ein einmonatiger Aufenthalt in einer Spezialklinik zeigt keinerlei Wirkung. Monsieur Y. sucht mich im Oktober des

Jahres 1910 auf. Die Vortests sind relativ einfach. Ich erkläre dem Kranken den Mechanismus der Autosuggestion und die Existenz des Bewußten und Unbewußten in uns. Ich unterziehe ihn der Suggestion. Zwei bis drei Tage ist Monsieur Y. etwas verwirrt durch meine Erklärungen. Doch dann hat er begriffen. Ich praktiziere Suggestion mit ihm, und er führt selber jeden Tag Autosuggestion durch. Die Besserung, die anfangs langsam einsetzt, schreitet immer schneller voran, und nach anderthalb Monaten ist er völlig geheilt. Der ehemalige Kranke, der sich einst als unglücklichster Mann der Welt gefühlt hatte, ist jetzt der glücklichste. Er hat keinen Rückfall erlitten, kann gar keinen erleiden, denn Monsieur Y. ist davon überzeugt, daß er nie wieder in den früheren trostlosen Zustand verfallen wird.

Monsieur E. aus Troyes erleidet einen Gichtanfall. Der Knöchel des rechten Fußes ist angeschwollen und schmerzt; er kann nicht gehen. Die Vortests zeigen, daß er sehr empfänglich für Suggestion ist. Nach der ersten Suggestion kann er ohne Stock zu dem Wagen, der ihn gebracht hat, zurückgehen. Er hat keine Schmerzen mehr. Am nächsten Morgen erscheint er nicht, obwohl ich ihn zu mir bestellt hatte. Seine Frau kommt allein und berichtet mir, ihr Mann sei morgens aufgestanden und habe sich aufs Fahrrad geschwungen, um seine Werkplätze aufzusuchen (er ist Maler). Sie können sich vorstellen, wie verblüfft ich war. Ich habe den Fall dieses Mannes nicht weiter verfolgt. Ich weiß nur, daß er lange Zeit keinen Rückfall hatte, kann jedoch nicht sagen, wie es ihm weiter ergangen ist.

Madame T. aus Nancy. Sie leidet an Neurasthenie, schlechter Verdauung, Magenschmerzen, Darmentzündung, hat Schmerzen an verschiedenen Körperstellen. Sie ist seit Jahren in ärztlicher Behandlung, aber ohne Erfolg. Ich unterziehe sie der Suggestion, sie selbst praktiziert jeden Tag Autosuggestion. Vom ersten Tag an zeigt sich eine deutliche Besserung, die anhält. Heute ist sie seit langem gesund, seelisch und körperlich. Sie hält auch keine Diät mehr. Sie glaubt, manchmal noch etwas Probleme mit dem Darm zu haben, ist sich dessen aber nicht ganz sicher.
Madame X., Schwester von *Madame T.*, leidet unter starker Neurasthenie; sie verbringt vierzehn Tage in Monat im Bett, da sie sich weder bewegen noch arbeiten kann. Sie hat keinen Appetit, ist niedergeschlagen, ihr Verdauungsapparat funktioniert schlecht. Sie wird in einer einzigen Sitzung geheilt. Diese Heilung kann wohl als dauerhaft betrachtet werden, denn bis heute gab es keinen Rückfall.

Madame H. aus Maxéville. Sie hat überall Ekzeme, besonders starke am linken Bein. Beide Beine sind angeschwollen, besonders an den Knöcheln. Das Gehen fällt ihr schwer und bereitet ihr Schmerzen. Ich unterziehe sie der Suggestion. Noch am selben Abend kann Madame H. mehrere hundert Meter zurücklegen, ohne zu ermüden. Am nächsten Tag sind die Füße und

Knöchel abgeschwollen und schwellen auch später nicht mehr an. Auch die Ekzeme verschwinden.

Madame P. aus Laneuveville. Sie hat Nieren- und Knieschmerzen, leidet seit zehn Jahren an diesen Beschwerden, und es geht ihr jeden Tag schlechter. Ich führe eine Suggestion durch, und sie praktiziert Autosuggestion. Sofort tritt Besserung ein. Ihr Zustand wird immer besser. Schnell erfolgt Heilung, die dauerhaft ist.

Madame Z. aus Nancy hat sich im Januar 1910 eine Lungenentzündung zugezogen, von der sie sich zwei Monate später immer noch nicht erholt hat. Sie ist sehr schwach, leidet unter Appetitlosigkeit, schlechter Verdauung, unregelmäßigem Stuhl, Schlaflosigkeit, nächtlichen Schweißausbrüchen. Bereits nach der ersten Suggestion geht es der Kranken viel besser; nach zwei Tagen kommt sie wieder und berichtet mir, sie fühle sich sehr gut. Alle Krankheitssymptome sind verschwunden, alle Organe funktionieren normal. Drei- oder viermal hatte sie den Ansatz eines Schweißausbruchs, konnte ihn aber durch bewußte Autosuggestion eindämmen. Madame Z. fühlt sich seither bestens.

Monsieur X., Professor in Belfort, verliert nach zehn bis fünfzehn Minuten Reden die Stimme. Er sucht verschiedene Ärzte auf, die keine Verletzung der Stimmbänder feststellen können. Ein Arzt erklärt ihm, es liege eine altersbedingte Schwäche des Kehlkopfs vor, und diese Behauptung bestärkt ihn in der Vorstellung, daß sein Leiden unheilbar sei. Er verbringt seinen Urlaub in Nancy. Eine Bekannte von mir rät ihm, mich aufzusuchen. Zuerst lehnt er ab, schließlich läßt er sich doch umstimmen, obwohl er überhaupt nicht an die Wirkung der Suggestion glaubt. Ich unterziehe ihn trotzdem der Suggestion und bitte ihn, am übernächsten Tag wiederzukommen. Er kommt am verabredeten Tag und berichtet, daß er am Tag zuvor den ganzen Nachmittag geredet habe, ohne die Stimme zu verlieren. Zwei Tage später sucht er mich wieder auf; die Stimme hat nicht mehr versagt, obwohl er am Vortag viel geredet und sogar gesungen hatte. Die Heilung erwies sich als dauerhaft.

Bevor ich diese Ausführungen abschließe, möchte ich Sie noch auf eine ausgezeichnete Methode aufmerksam machen, die die Eltern bei der Erziehung ihrer Kinder anwenden können, um sie in die gewünschte Richtung zu lenken.

Sie müssen warten, bis das Kind eingeschlafen ist. Vater oder Mutter betritt behutsam sein Zimmer, bleibt einen Meter vor seinem Bett stehen und wiederholt fünfzehn- bis zwanzigmal *murmelnd* alles, was er beziehungsweise sie ihm wünscht, sowohl in bezug auf die Gesundheit, den Schlaf, die Arbeit, den Fleiß, das Betragen usw. Dann zieht er/sie sich leise wieder zurück und achtet darauf, das Kind nicht aufzuwecken.

Diese ungeheuer einfache Methode erzielt die besten Erfolge, und man kann leicht verstehen, weshalb. Wenn das Kind schläft, ruhen sich sein Körper und sein Bewußtsein aus, sie sind sozusagen ausgeschaltet. Sein Unbewußtes aber wacht, und so wendet man sich nur an dieses. Da es sehr leichtgläubig ist, akzeptiert es widerspruchslos, was man ihm sagt, und ganz allmählich verhält sich das Kind so, wie es die Eltern wünschen.

Schlußfolgerung

Welche Schlußfolgerung läßt sich aus diesen Darlegungen ziehen?

Sie ist recht einfach und kann in wenigen Worten zusammengefaßt werden: Wir besitzen in uns eine Kraft von unberechenbarer Wirkung, die uns, wenn wir sie unbewußt handhaben, oft zum Nachteil gereicht. Wenn wir sie dagegen bewußt und überlegt nutzen, verleiht sie uns die Herrschaft über uns selbst und ermöglicht uns, uns selbst und andere vor körperlichen und seelischen Leiden zu schützen und verhältnismäßig glücklich zu leben, ungeachtet unserer Lebensumstände.

Schließlich und vor allem kann, ja muß sie zur seelischen Regeneration jener, die vom rechten Weg abgekommen sind, angewandt werden.

E. Coué

Was Autosuggestion bewirken kann

Einige Fallbeispiele

Der 13jährige B. kommt im Januar 1912 ins Hospital. Er leidet an einer schweren Herzkrankheit; sein Atem geht keuchend; er ist kurzatmig, und er kann nur sehr langsam kurze Strecken zurücklegen. Der behandelnde Arzt, einer unserer besten Klinikärzte, rechnet mit einem schnellen Tod des Patienten.

Im Februar wird der Kranke aus der Klinik entlassen. Sein Zustand hat sich nicht gebessert. Ein Freund der Familie bringt ihn zu mir. Bei seinem Anblick befürchte ich, daß er ein hoffnungsloser Fall ist. Trotzdem führe ich mit ihm die Vortests durch, die positiv verlaufen. Nachdem ich ihn der Suggestion unterzogen und ihm Autosuggestion empfohlen habe, bitte ich ihn, am übernächsten Tag wiederzukommen. Als ich ihn wiedersehe, stelle ich zu meiner großen Überraschung fest, daß eine deutliche Besserung beim Atmen und Gehen eingetreten ist. Wieder praktiziere ich Suggestion an ihm. Zwei Tage später zeigt sich bereits eine weitere Besserung seines Zustands; bei jeder weiteren Sitzung sind positive Veränderungen festzustellen.

Mein kleiner Patient macht so rasche Fortschritte, daß er schon drei Wochen nach der ersten Sitzung zu Fuß zur Anhöhe von Villers hochsteigen kann.

Er atmet frei, fast normal; er geht, ohne außer Atem zu geraten, und kann sogar Treppen steigen, was er vorher nicht schaffte. Da die Besserung immer weiter fortschreitet, fragt mich der junge B. Ende Mai, ob er seine Großmutter in Carignan besuchen könne. Da ich mit seinem Zustand zufrieden bin, rate ich ihm zu dieser Reise. Er tritt also die Fahrt an und unterrichtet mich von Zeit zu Zeit über seinen Gesundheitszustand. Seine Gesundheit wird immer stabiler; er ißt mit Appetit, hat eine gute Verdauung, und die Beklemmungen sind völlig verschwunden. Er kann jetzt nicht nur ganz normal gehen, sondern auch rennen und den Schmetterlingen hinterherjagen.

Im Oktober kehrt er zurück; ich erkenne ihn kaum wieder. Der kleine schwächliche und gebückte Junge, den ich im Mai zum letzten Mal gesehen habe, ist jetzt groß, hält sich aufrecht und strotzt vor Gesundheit. Er ist 12 Zentimeter gewachsen und hat 19 Pfund zugenommen. B. führt jetzt ein ganz normales Leben; er rennt die Treppen rauf und runter, fährt Rad und spielt mit seinen Kameraden Fußball.

Mademoiselle X. aus Genf, 13 Jahre alt, hat an der Schläfe ein von mehreren Ärzten als tuberkulös bezeichnetes Geschwür. Seit anderthalb Jahren spricht diese Wunde auf keine Behandlung an. Man schickt sie zu Monsieur Baudouin, einem Schüler von Coué, der in Genf praktiziert. Dieser unterzieht sie der Suggestion und ordnet an, daß sie in acht Tagen wiederkommen solle. Bei ihrem nächsten Besuch ist das Geschwür geheilt!!!

Mademoiselle Z., ebenfalls aus Genf, hat seit 17 Jahren ein steifes rechtes Bein wegen eines Abszesses, den man ihr oberhalb des Knies wegoperiert hatte. Sie bittet Monsieur Baudouin, bei ihr eine Suggestion durchzuführen, und kaum hat dieser damit begonnen, da kann sie das Bein schon wieder ganz normal bewegen. (Bestimmt lag in diesem Fall eine psychische Ursache vor).

Madame U., 55, aus Maxéville, hat seit mehr als anderthalb Jahren ein offenes Bein. Die erste Sitzung findet im September 1915 statt; die zweite acht Tage später. Nach vierzehn Tagen ist sie völlig geheilt.

E. C., 10 Jahre alt, Grande-Rue 19 (Flüchtling aus Metz). Leidet an einer unbekannten Herzkrankheit, hat Wucherungen. Spuckt jede Nacht Blut. Kommt im Juli 1915 in meine Praxis.

Nach einigen Sitzungen spuckt er weniger häufig Blut. Die Besserung schreitet voran, und Ende November spuckt er überhaupt kein Blut mehr. Die Wucherungen scheinen auch verschwunden zu sein. Bis zum August 1916 gibt es keinen Rückfall.

Monsieur H., 48 Jahre, wohnhaft in Brin. Wird am 15. Januar 1915 wegen chronischer Bronchitis ausgemustert; das Leiden wird immer schlimmer.

Im Oktober sucht er mich auf. Sofort tritt eine Linderung ein, die weiter zunimmt. Zur Zeit geht es ihm wesentlich besser, auch wenn er noch nicht ganz geheilt ist.

Monsieur B. litt seit vierundzwanzig Jahren an einer Stirnhöhlenvereiterung und wurde elfmal operiert. Aber sein Zustand besserte sich nicht, die unerträglichen Schmerzen hielten an. Der Kranke befand sich in einem bedauernswerten Zustand: Er hatte heftige, fast ununterbrochene Schmerzen, keinen Appetit, war extrem schwach, konnte nicht gehen, nicht einmal lesen (!), nicht schlafen usw. Seine seelische Verfassung war nicht besser als seine körperliche. Obwohl er die Ärzte Bernheim in Nancy, Déjerine in Paris, Dubois in Bern und einen unbekannten Arzt in Strasburg aufgesucht hatte, verschlechterte sich sein Zustand von Tag zu Tag.

Auf Anraten eines meiner Patienten suchte mich der Kranke im September 1915 auf. Von nun an machte er schnelle Fortschritte, und zur Zeit (1923) geht es diesem Herrn sehr gut. Er erlebte eine regelrechte Auferstehung.

Monsieur N., 18 Jahre, rue Sellier, litt am Pottschen-Buckel. Er suchte mich Anfang 1914 auf. Seit sechs Monaten trug er ein Gipskorsett. Kam zweimal pro Woche zu einer Sitzung und praktizierte morgens und abends Autosuggestion. Sehr schnell zeigte sich Besserung, und nach kurzer Zeit konnte er sein Korsett ablegen. Im April 1916 habe ich ihn wiedergesehen. Er war jetzt völlig geheilt und arbeitete wieder als Briefträger, nachdem er in einem Spital in Nancy als Sanitäter tätig gewesen war, bis dieses geschlossen wurde.

Monsieur D. aus Jarville litt an einer Lähmung des linken Oberlids. Er begab sich in die Klinik, wo man ihm

Spritzen verabreichte, die bewirkten, daß sich das Lid hob, dafür aber das linke Auge um mehr als 45 Grad nach außen verschoben wurde. Eine Operation schien unerläßlich zu sein. Zu dieser Zeit kam er zu mir, und dank der Autosuggestion kehrte sein Auge in die normale Stellung zurück.

Madame L. aus Nancy hat seit mehr als zehn Jahren ununterbrochen Schmerzen in der rechten Gesichtshälfte. Sie hat schon zahlreiche Ärzte aufgesucht, deren Behandlungsversuche alle keine Erfolge zeigten. Eine Operation schien unumgänglich zu sein. Am 25. Juli 1916 suchte mich die Kranke auf; sofort trat Besserung ein, und nach zehn Tagen waren die Schmerzen völlig verflogen. Bis zum 20. Dezember des gleichen Jahres erfolgte kein Rückschlag.

Maurice T., achteinhalb Jahre alt, aus Nancy, hat Klumpfüße. Nach einer Operation ist der linke Fuß fast normal, der rechte bleibt entstellt. Zwei weitere Operationen sind erfolglos.

Im Februar 1915 bringt man das Kind zu mir; es bewegt sich dank zweier orthopädischer Vorrichtungen, die die Füße wieder geraderichten, recht gut. Bereits die erste Sitzung bringt eine Besserung, nach der zweiten trägt das Kind normale Schuhe, und die Füße bessern sich immer mehr. Am 17. April 1916 geht es dem Kind gut. Doch sein rechtes Bein ist aufgrund einer Verstauchung, die es sich am 20. Februar 1916 zugezogen hat, etwas geschwächt.

Mademoiselle X. aus Blainville hat am linken Bein ein Geschwür, vermutlich tuberkulösen Ursprungs. Eine leichte Verstauchung hat eine Schwellung des Fußes und starke Schmerzen zur Folge. Verschiedene Behandlungen zeigen keine Wirkung. Nach einiger Zeit eitert die Wunde, alles deutet auf die Zerstörung von Knochengewebe hin. Das Gehen fällt ihr immer schwerer, wird trotz ärztlicher Behandlung immer schmerzhafter. Auf Anraten einer ehemaligen, inzwischen geheilten Patientin sucht sie mich auf. Bereits nach den ersten Sitzungen zeigt sich Besserung. Allmählich geht die Schwellung zurück, der Schmerz wird schwächer, die Eiterung läßt nach, und schließlich vernarbt die Wunde. Die Heilung zog sich über einige Monate hin. Im Augenblick ist der Fuß fast normal. Aber auch wenn der Schmerz und die Schwellung völlig verschwunden sind, kann der Fuß nicht richtig nach hinten geknickt werden, was bei der Kranken ein leichtes Hinken zur Folge hat.

Madame R., Chavigny, leidet seit zehn Jahren an einer Gebärmutterentzündung. Ende Juli 1916 kommt sie zu mir. Sofort stellt sich Besserung ein, Ausfluß und Schmerzen lassen rasch nach. Am 29. September hat sie weder Schmerzen noch Ausfluß. Die Monatsblutung, die zuvor acht bis zehn Tage dauerte, begrenzt sich auf vier Tage.

Madame H. aus Nancy, rue Guilbert-de-Pixerécourt, 40 Jahre alt. Sie hat seit September 1914 eine krampfaderige Wunde, die sie nach Anweisung ihres Arztes behandelt. Der untere Teil des Beines ist enorm angeschwollen (die Wunde von der Größe eines Zwei-Franc-Stücks befindet sich oberhalb des Knöchels und geht bis auf den Knochen), die Entzündung ist sehr stark, die Wunde eitert ununterbrochen, und die Schmerzen sind unerträglich.

Im April 1916 kommt die Kranke zum erstenmal zu mir. Die Besserung, die bereits nach der ersten Sitzung erkennbar ist, schreitet voran. Am 18. Februar 1917 ist das Bein völlig abgeschwollen, der Schmerz und der Juckreiz sind verschwunden. Die Wunde ist noch zu sehen, aber sie ist nur noch erbsengroß, nur noch zwei bis drei Millimeter tief und eitert noch leicht. 1920 ist die Patientin völlig geheilt.

Mademoiselle D. aus Mirecourt, 16 Jahre. Seit drei Jahren erleidet sie immer wieder Nervenzusammenbrüche. Anfangs traten sie nur gelegentlich auf, später aber in immer kürzeren Abständen. Als sie am 1. April 1917 zu mir kommt, hatte sie drei Zusammenbrüche innerhalb von 14 Tagen hinter sich. Bis zum 18. April erlebte sie keinen weiteren mehr. Hinzufügen möchte ich noch, daß dieses Mädchen von Anfang der Behandlung an keine Kopfschmerzen mehr hatte, unter denen sie vorher ständig gelitten hatte.

Madame M. aus Malzéville, 43 Jahre. Sucht mich Ende 1916 wegen heftiger Kopfschmerzen auf, die sie ihr Leben lang plagten. Nach einigen Sitzungen sind die Schmerzen völlig verschwunden.

Nach zwei Monaten bemerkte sie die Heilung einer Gebärmuttersenkung, die sie mir gegenüber gar nicht erwähnt und an die sie bei ihrer Autosuggestion nicht gedacht hatte. (Dieses Ergebnis ergab sich aus den Worten »in jeder Hinsicht«, die in der Formel enthalten sind, die morgens und abends verwendet wird.)

Madame X. aus Choisy-le-Roi. Eine einzige allgemeine Suggestion, die ich im Juli 1916 durchführte, sowie eine Autosuggestion, die die Patientin morgens und abends praktizierte, führten zu einem positiven Ergebnis. Im Oktober desselben Jahres berichtet mir diese Dame, daß sie von der Gebärmuttersenkung geheilt sei, unter der sie seit mehr als zwanzig Jahren gelitten hatte. Bis zum April 1920 ist kein Rückfall festzustellen (genau wie beim vorherigen Fall).

Madame J., rue des Dominicains, 60 Jahre alt. Kommt am 20. Juli 1917 wegen heftiger Schmerzen im rechten Bein, verbunden mit einer starken Schwellung des ganzen Beines, zu mir. Sie bewegt sich mühsam unter Stöhnen. Nach der Sitzung kann sie, zu ihrem großen Erstaunen, wieder normal gehen, ohne den geringsten Schmerz zu empfinden. Als sie vier Tage später zurückkommt, ist sie immer noch schmerzfrei, und die Schwellung ist abgeklungen. Die Dame erklärt mir, daß sie, seit sie zu mir gekommen ist, keinen weißen Ausfluß mehr hat und keine Darmentzündung, die sie seit langem geplagt hatte (genau wie beim vorherigen Fall). Im November hält die Heilung immer noch an.

Mademoiselle G. L., 15, rue du Montet, 15 Jahre. Stotterte seit der Kindheit. Sucht mich am 20. Juli 1917 auf, und sofort hört das Stottern auf. Einen Monat später konnte ich mich davon überzeugen, daß die Heilung immer noch anhielt.

Monsieur F. aus Nancy, rue de la Côte, 60 Jahre. Leidet seit fünf Jahren an Rheumaschmerzen in den Schultern und im linken Bein. Bewegt sich mühsam am Stock vorwärts und kann den Arm nur bis in Schulterhöhe heben. Nach der ersten Sitzung am 17. September 1917 sind die Schmerzen völlig abgeklungen, und der Patient kann nicht nur locker ausschreiten, sondern sogar laufen. Zudem kann er mit beiden Armen herumwirbeln. Im November ist immer noch kein Rückfall zu verzeichnen.

Monsieur S. aus Bouxières-aux-Dames, 48 Jahre. Ich lerne ihn am 20. April 1917 kennen. Seit fünfzehn Jahren hat er am linken Bein eine offene Wunde, die die Größe einer Fünf-Franc-Münze hat. Am 27. April ist die Wunde geheilt. Am 4. Mai ist immer noch kein Rückfall zu melden. Seither habe ich ihn nicht mehr wiedergesehen.

Madame L., chemin des Sables, 63 Jahre. Seit mehr als zehn Jahren wird sie von Gesichtsschmerzen geplagt. Jegliche Behandlung blieb wirkungslos. Man will sie operieren, aber sie widersetzt sich. Am 25. Juli 1916 kommt sie das erste Mal zu mir; vier Tage später sind die Schmerzen abgeklungen. Die Heilung hält bis heute an.

Madame M., Grande-Rue (Ville-Vieille). Seit dreizehn Jahren quält sie eine Gebärmutterentzündung mit blutigem und weißem Ausfluß und starken Schmerzen. Die sehr schmerzhafte Periode tritt alle 22 bis 23 Tage ein und dauert 10 bis 12 Tage.
Sie kommt am 15. November 1917 das erste Mal zu mir und dann regelmäßig jede Woche. Nach der ersten Sitzung zeigt sich bereits eine spürbare Besserung, die schnell voranschreitet. Anfang Januar des Jahres 1918 ist die Entzündung völlig abgeklungen; die Periode erfolgt regelmäßiger und ohne Schmerzen. Gleichzeitig verschwinden die Knieschmerzen, an denen die Patientin seit dreizehn Jahren gelitten hatte.

Madame C., aus Einville (M.-et-M.), 41 Jahre. Seit dreizehn Jahren hat sie zeitweilig Rheumaschmerzen am rechten Knie. Vor fünf Jahren hatte sie einen besonders heftigen Anfall, nicht nur das Knie, sondern das ganze Bein schwoll an; dann verkümmerte der untere Teil des Beins, und die Kranke konnte sich nur noch mühsam mit Hilfe eines Stocks oder einer Krücke fortbewegen.
Sie sucht mich am 5. November 1917 auf und verläßt mich ohne Krücke und Stock. Seither benutzt sie keine Krücke mehr, nur noch ab und zu den Stock. Manchmal plagen sie noch Schmerzen im Knie, aber diese sind erträglich.

Madame M. aus Einville. Seit sechs Monaten hat sie Schmerzen im rechten Knie, das anschwillt, was zur Folge hat, daß sie das Knie nicht biegen kann.

Sie sucht mich am 7. Dezember 1917 das erste Mal auf. Am 4. Januar 1918 kommt sie wieder und berichtet, daß sie kaum noch Schmerzen habe und wieder gut gehen könne.

Nach der Sitzung vom 4. Januar hat sie keine Schmerzen mehr und kann normal gehen.

Aus Briefen an Emile Coué

»Vor nur zwei Stunden wurden die Ergebnisse der Prüfung für das Lehramt in Englisch ans schwarze Brett angeschlagen, und ich möchte Sie sofort darüber informieren. Ich habe eine *glänzende* mündliche Prüfung abgelegt; vor den Prüfungen hatte ich kaum noch dieses Herzklopfen, das mir immer diese unerträgliche Übelkeit verursachte.

Ich wunderte mich selbst, wie ruhig ich bei den Prüfungen war; ich vermittelte den Prüfern den Eindruck, daß ich mich völlig sicher fühlte. Gerade im mündlichen Teil, den ich am meisten gefürchtet hatte, hatte ich den größten Erfolg.

Die Prüfer erklärten mich zur Zweitbesten, und ich bin Ihnen unendlich dankbar für Ihre Hilfe. Bestimmt habe ich es Ihnen zu verdanken, daß ich besser abschnitt als die anderen.«

(Es handelt sich um ein junges Mädchen, das aufgrund unerträglicher Prüfungsangst 1915 durchgefallen war. Durch die Autosuggestion konnte sie diese Angst besiegen und bestand deshalb die Prüfung als zweitbeste von mehr als 200 Kandidatinnen.)

Mademoiselle V., Gymnasiallehrerin

»Mit großer Freude sende ich Ihnen diesen Brief, um Ihnen von ganzem Herzen zu danken, da Ihre Methode bei mir eine wunderbare Wirkung hervorrief. Bevor ich Sie aufsuchte, hatte ich große Mühe, nur schon hundert Meter zu gehen, ohne außer Atem zu geraten. Jetzt kann ich kilometerweit gehen, ohne zu ermüden. Mühelos lege ich mehrere Male pro Tag in vierzig Minuten die Strecke zwischen der Rue du Bord-de-l'Eau und der Rue des Glacis zurück. Das sind fast vier Kilometer. Das Asthma, an dem ich gelitten hatte, verschwindet immer mehr.

Ich möchte Ihnen nochmals von ganzem Herzen für die Hilfe danken, die Sie mir erwiesen haben.«

Paul C., Nancy, rue de Strasbourg

»Ich weiß nicht, wie ich Ihnen danken soll. Dank Ihrer Hilfe bin ich schon weitgehend geheilt. Ich wollte meine völlige Heilung abwarten, um Ihnen meine Dankbarkeit zu bekunden, aber ich kann nicht länger warten.

Ich hatte zwei offene Wunden, eine an jedem Fuß. Die handgroße Geschwulst am rechten Fuß ist völlig *ausgeheilt*. Wie durch Zauberei ist sie verschwunden.

Seit Wochen mußte ich das Bett hüten. Fast unmittelbar nach Erhalt Ihres Briefes hat sich die Geschwulst geschlossen, dann konnte ich das Bett wieder verlassen. Die Geschwulst am linken Fuß ist noch nicht völlig zurückgegangen, aber die Heilung wird sich bestimmt einstellen.

Ich spreche morgens und abends den von Ihnen verordneten Satz, in den ich vollkommenes Vertrauen habe.

Ich war nicht mehr fähig, meine Beine zu berühren. Sie waren so hart wie Stein. Jetzt kann ich sie anfassen, ohne den geringsten Schmerz zu verspüren, und ich kann wieder gehen. Was für ein Glück!«

Madame L., Mailleroncourt-Charette (Haute-Saône)

Anmerkung. Diese Dame hat E. Coué nie persönlich kennengelernt. Am 15. April erhielt sie von diesem einen Brief. Sie befolgte die darin enthaltene Anweisung und erzielte schließlich das erwähnte Ergebnis.

»Ich möchte mich bei Ihnen ganz herzlich bedanken. Ihnen habe ich es zu verdanken, daß ich nicht das Risiko einer lebensgefährlichen Operation auf mich nehmen mußte. Ja, Sie haben mir das Leben gerettet, denn allein Ihre Methode der Autosuggestion konnte mir helfen, meine schreckliche Verstopfung auszuheilen, die mich seit 19 Tagen plagte. Alle anderen Behandlungen und Medikamente konnten nichts ausrichten. Von dem Augenblick an, da ich Ihre Anweisungen befolgte und Ihre ausgezeichneten Grundsätze anwandte, funktionierte mein Darm wieder normal.«

Madame S., Pont-à-Mousson

»Ich weiß nicht, wie ich Ihnen danken soll für die Freude, die ich über meine Heilung empfinde. Seit mehr als fünfzehn Jahren litt ich an Asthmaanfällen. Jede Nacht hatte ich Erstickungsanfälle. Dank Ihrer wunderbaren Methode, und vor allem nachdem ich an einer Ihrer Sitzungen teilgenommen hatte, sind diese Anfälle wie durch Zauberei verschwunden. Das ist ein richtiges Wunder, denn mehrere Ärzte, die mich behandelten,

haben mir erklärt, daß es für das Asthma keine Heilung gebe.«
Madame V., Saint-Dié

»Ich wartete mit meinem Brief an Sie, bis ich mit Professor M., dem Chefarzt der Klinik Tenon und Onkel meines Gatten, gesprochen hatte. Sein Erstaunen war groß, als er seinen Neffen, der seit 15 Jahren keine Nacht ohne Erstickungsanfälle erlebt hatte, bei guter Gesundheit antraf. Wir hatten alles versucht, alle medizinischen Kapazitäten konsultiert, aber sie konnten keine Heilung herbeiführen. Sie allein, verehrter Herr, hatten da Erfolg, wo alle anderen versagten. Ja, meinem Mann geht es gut. Er ist noch nicht völlig geheilt, aber man darf ja nicht vergessen, daß er volle 15 Jahre krank war.

Doktor J., der über die Ergebnisse Ihrer Methode verblüfft war, hat Ihnen wohl geschrieben. Doktor M. möchte gern Ihre Bekanntschaft machen. Seit zwanzig Jahren ist er Professor an der medizinischen Fakultät. Er freut sich sehr, daß sein Neffe fast völlig geheilt ist.

Wenn Sie wieder nach Paris kommen, würde er sich gern mit Ihnen treffen.

Auch Doktor B. besucht von Zeit zu Zeit seinen ehemaligen Patienten. Erst nachdem ich alles versucht hatte, wandte ich mich an Sie.«
Madame M., Sens

»Ich danke Ihnen von ganzem Herzen, daß Sie mich mit einer neuen therapeutischen Methode bekannt gemacht haben, die wie der Zauberstab einer Fee zu wirken scheint. Mit den einfachsten Mitteln erzielt man die erstaunlichsten Ergebnisse.

Zuerst habe ich mich brennend für Ihre Versuche interessiert. Nachdem ich Ihre Methode mit großem Erfolg an mir selber ausprobiert hatte, fing ich an, sie mit großem Eifer anzuwenden. Seither bin ich ein eifriger Anhänger der Suggestion und Autosuggestion.«

Dr. V.

»Seit acht Jahren litt ich an einer Gebärmuttersenkung. Seit fünf Monaten praktiziere ich die von Ihnen empfohlene Autosuggestions-Methode. Ich bin jetzt völlig geheilt und weiß nicht, wie ich Ihnen danken soll.«

Madame S., place du Marché, Toul

»Elf Jahre lang nahm mein Leiden kein Ende. Jede Nacht hatte ich Asthmaanfälle, litt an Schlaflosigkeit, war allgemein sehr geschwächt, unfähig, einer Arbeit nachzugehen. Ich war niedergeschlagen, unruhig, verstört und bauschte jede Kleinigkeit auf. Ich hatte mich ohne Erfolg schon vielen Behandlungen unterzogen, hatte mir sogar in der Schweiz die Nasenmuscheln operieren lassen, ohne jedoch die geringste Besserung zu erfahren. Im November 1918 verschlechterte sich mein Zustand infolge eines tragischen Unglücksfalls. Während mein Mann auf Korfu war (an Bord eines Kriegsschiffs), erkrankte unser einziger Sohn, ein reizendes Kind von zehn Jahren, das unsere ganze Freude war, an Grippe und starb nach sechstägiger Krankheit. Ich war allein und außer mir vor Verzweiflung, machte mir bittere Vorwürfe, weil ich unseren Liebling nicht hatte schützen und retten können. Am liebsten wäre ich auch gestorben ... Als mein Mann zurückkehrte (erst im Februar), ging er mit mir zu einem neuen Arzt, der mir Medikamente verschrieb sowie eine Badekur in Mont-Dore. Ich verbrachte den August in diesem Kurort. Als ich nach Hause zurückkehrte, hatte ich wieder meine Asthmaanfälle und stellte verzweifelt fest, daß es mir »in jeder Hinsicht« immer schlechter ging.

Zu der Zeit hatte ich das Glück, Sie kennenzulernen. Ohne mir viel zu erhoffen – das gebe ich ehrlich zu –, besuchte ich Ihre Vorträge im Oktober, und ich freue mich, Ihnen mitteilen zu können, daß ich Ende November geheilt war. Meine Schlaflosigkeit, meine Beklemmung, meine düsteren Gedanken verschwanden über Nacht. Ich bin jetzt stark und zuversichtlich. Nachdem ich mich körperlich wieder wohl fühlte, verbesserte sich auch meine seelische Verfassung, und wenn da nicht die unendliche Trauer um den Verlust meines Kindes wäre, könnte ich behaupten, daß ich mich rundum wohl fühle.

Warum nur habe ich Sie nicht schon früher kennengelernt? Mein Kind hätte eine heitere und beherzte Mutter gehabt.

Vielen Dank, Monsieur Coué, innigen Dank.

Ich bin Ihnen unendlich dankbar.«

E. I., rue de Lille, Paris

»Ich möchte den Kampf, den ich seit dreißig Jahren führe und der mich aufgerieben hat, fortführen ...

... Letzten August habe ich in Ihnen eine wertvolle, mir von der Vorsehung bestimmte Hilfe gefunden. Ich wollte mich ein paar Tage in unserem geliebten Lothringen aufhalten. Mit bangem Herzen und krank kam ich dort an, hatte Angst vor der Erschütterung, die ich angesichts der Ruinen und des Elends dort empfinden würde ... und reiste später getröstet und gestärkt wieder ab ... Ich war völlig verzweifelt, leider bin ich auch nicht gläubig ... Ich suchte jemanden, an den ich mich wenden konnte, um Trost zu erlangen. Dann habe ich durch Zufall Sie bei meiner Cousine kennengelernt. Und Sie waren für mich die Stütze, die ich mir wünschte.

Ich arbeite jetzt ganz anders, und ich suggeriere meinem Unbewußten, es möge das körperliche Gleichgewicht wiederherstellen. Ich zweifle nicht daran, daß es mir gelingen wird, meine einst gute Gesundheit wiederzuerlangen. Es hat sich bereits eine deutliche Besserung gezeigt. Sie werden meine Dankbarkeit noch besser verstehen, wenn ich Ihnen berichte, daß ich Diabetikerin mit Nierenproblemen war und als Folge auch an grünem Star litt. Aber nun ist der grüne Star verschwunden, und ich kann fast wieder normal sehen. Auch mein Allgemeinzustand hat sich gebessert.«

Mademoiselle Th., Lehrerin, Ch.-s.-S.

»Ich habe mein Rigorosum erfolgreich absolviert, erhielt die Note Summa cum laude und wurde von meinen Prüfern beglückwünscht. Von diesen Ehren gebührt Ihnen ein großer Teil, das vergesse ich nie. Ich habe nur bedauert, daß Sie nicht persönlich anwesend waren.

Ihr Name wurde von den Prüfern mit großer Bewunderung und Sympathie genannt. Sie dürfen versichert sein, daß Ihre Lehre nun an der Universität mit großem Beifall aufgenommen werden wird. Danken Sie mir nicht, denn ich verdanke Ihnen viel mehr als Sie mir.«
Ch. Baudouin
Professor am Institut J.-J. Rousseau, Genf

»Ich bewundere Ihren Mut und bin davon überzeugt, daß er dazu beiträgt, vielen Menschen eine von Klugheit bestimmte, nützliche Orientierung zu geben.

Ich gestehe Ihnen, daß ich persönlich von Ihren Unterweisungen profitiert habe und sie an meine Patienten weitergebe. In der Klinik versuchen wir, die Patienten der Suggestion zu unterziehen, und haben in dieser Beziehung bereits bemerkenswerte Erfolge verbucht.«
Dr. Bérillon, Paris

»Ich danke Ihnen für Ihren freundlichen Brief und Ihren hochinteressanten Vortrag.

Ich freue mich, feststellen zu können, daß Sie eine vernünftige Verschmelzung anderer Lehrmeinungen mit der Autosuggestion vornehmen, und ich weise insbesondere auf den Abschnitt hin, in dem Sie erklären, daß der Wille bei der Autosuggestion ausgeschaltet bleiben müsse. Genau das verstehen viele Lehrer der Autosuggestion nicht, unter ihnen leider auch viele Ärzte. Ich bin der Ansicht, daß man zwischen Autosuggestion und der Erziehung des Willens streng unterscheiden muß.« *Dr. Van Velsen,* Brüssel

»Hoffentlich denken Sie nicht, daß ich Sie vergessen habe. O nein, seien Sie versichert, ich empfinde tiefe Dankbarkeit für Sie, und ich möchte betonen, daß Ihre Anweisungen immer wertvoller für mich werden. Es vergeht kein Tag, ohne daß ich Ihre Autosuggestionsmethode mit immer größerem Erfolg praktiziere und ohne daß ich an Sie denke, denn Ihre Methode ist die *richtige*. Dank ihrer Hilfe bekomme ich mich jeden Tag mehr unter Kontrolle; jeden Tag beherrsche ich Ihre Methode besser, und ich spüre, daß es mir *besser* geht. Sie würden in dieser frohgemuten 66jährigen Frau kaum mehr jene unglückliche Person erkennen, die oft leidend war und die sich erst dank Ihrer Hilfe und Anleitung besser fühlte. So danke ich Ihnen also von Herzen, denn es gibt nichts Schöneres, als anderen Gutes zu tun. Sie tun viel Gutes, ich ein wenig, und ich danke Gott dafür.« *Madame M.,* Cesson-Saint-Brieuc

»Da sich mein Befinden, seit ich die Autosuggestion praktiziere, zusehends bessert, möchte ich Ihnen aufrichtig dafür danken. Die Lungenfunktion hat sich wieder stabilisiert, das Herz funktioniert wieder besser, kurzum, ich fühle mich sehr gut.«

Madame L., Richemont

»Ihr kleines Werk und Ihr Vortrag haben uns sehr interessiert. Zum Wohle der Menschheit wäre eine Übersetzung Ihres Werks in *mehrere Sprachen* wünschenswert, damit jedes Land und jedes Volk es kennenlernen kann und so eine größere Zahl von Unglücklichen angesprochen wird, die unter der falschen Anwendung der Vorstellungskraft leiden, dieser, wie Sie behaupten und so eindrucksvoll und klug demonstrieren, allmächtigen (und gleichsam göttlichen) Kraft und wichtigsten Fähigkeit des Menschen. Ich habe bereits viele Werke über die Willenskraft gelesen und besitze eine ganze Sammlung von Formeln, Gedanken und Aphorismen. Ihre Sätze sind einmalig. Ich glaube nicht, daß ›Pillen des Selbstvertrauens‹, wie ich Ihre Heilsätze bezeichnen möchte, je auf so intelligente Weise in Formeln gefaßt worden sind.« *Don Enrique C.,* Madrid

»Wie Sie wissen, bin ich wegen einer schweren nervösen Depression aus Ostafrika angereist. Außerdem hatte ich hinter einem Ohr eine Geschwulst, die seit 25 Jahren, trotz der Behandlung durch mehrere Ärzte, (wobei einer sogar elektrischen Strom einsetzte), immer weiter eiterte.

Nun bin ich seit fünf Wochen hier und merke, wie sich Ihre Methode positiv auf meine Depression auswirkt; auch meine Geschwulst ist fast völlig geheilt. Wenn das so weitergeht, wird sie bald ganz verschwunden sein.«
(Aus dem Englischen übersetzt) *E. B.,* Nancy

»Ich danke Ihnen von ganzem Herzen für die wundervolle Wirkung, die jene zehn kostbaren Minuten, die Sie mir letzten Samstag freundlicherweise gewidmet haben, auf mich ausgeübt haben.

Seit Jahren litt ich an Hexenschuß, einer starken ner-

vösen Depression, war ständig in Behandlung, aber ohne Erfolg. Nachdem ich am Samstag bei Ihnen gewesen war, verschwand mein Schmerz völlig und mit ihm meine nervöse Depression. Ich bin wieder eine ganz andere Frau und bin Ihnen von Herzen dafür dankbar.«
(Aus dem Englischen übersetzt)   *L. H.*, New York

»Ich möchte nicht, daß Sie dieses Land, in dem Ihr Name hochgepriesen wird, verlassen, ohne daß ich Ihnen für Ihre Hilfe gedankt habe, die Sie schon so vielen haben zukommen lassen, denn auch mir »geht es jeden Tag immer besser und besser«. Wie Sie wissen, akzeptieren wir Ärzte nur zögernd neue Methoden. Aber wenn wir sie uns einmal zu eigen gemacht haben, erproben wir sie gründlich. Der tägliche Anblick der Patienten, die in Ihrer Klinik Gesundheit, Lebensmut und Lebensfreude wiedererlangten, war für mich wie eine Inspiration. Vor allem hat mich Ihre Behandlung der Stotterer beeindruckt, denn ich selbst habe viele von ihnen monatelang behandelt, meist jedoch ohne Erfolg. Ich war zutiefst erstaunt darüber, daß sie sich wie durch ein Wunder plötzlich deutlich und mühelos ausdrücken konnten und daß dieser Erfolg von Dauer war. Nachdem Sie gegangen waren, unterhielt ich mich mit ihnen, denn ich vermutete, daß sie vielleicht rückfällig werden könnten, aber sie drückten sich weiterhin einwandfrei aus.

Ich danke Ihnen nochmals, wünsche Ihnen ein langes Leben und daß Sie bald wieder hierherkommen.«
(Aus dem Englischen übersetzt)   *Dr. C.*, New York

»Ich danke Ihnen aufrichtig dafür, daß Sie mir gestattet haben, vergangenen Montag an Ihren aufschlußreichen Autosuggestionssitzungen teilzunehmen. Für einen Arzt, der oft erlebt hat, wie das Unbewußte seinen Verordnungen entgegenwirkte, sind sie vielleicht besonders interessant. Ich bin davon überzeugt, daß sich Ihre Methode gegen gedankenlose Routine und Unwissenheit in Zukunft durchsetzen wird.«

Dr. T., Remiremont

»Seit zwei Jahren litt ich an einer starken Neurasthenie. Dank Ihrer ausgezeichneten Methode wurde ich gesund, und zwar sehr schnell; bereits nach der ersten Sitzung hatte sich mein Zustand verändert. Auch meine körperliche Verfassung hat sich gebessert, und zur Zeit fühle ich mich in jeder Hinsicht wohl.«

Mademoiselle R., Issy-les-Moulineaux

»Erlauben Sie mir, Ihnen diese Zeilen zu senden, um Ihnen für das gute Ergebnis zu danken, das ich durch die Lektüre Ihres Buches ›Die Selbstbemeisterung‹ erzielt habe. Seit mehreren Jahren plagten mich Ohrenschmerzen sowie mehrere andere Beschwerden. Ich befand mich in einem solch nervösen Zustand, daß ich den wahnwitzigen Entschluß faßte, Selbstmord zu begehen. Nachdem ich von Ihrer Methode gehört hatte, besorgte ich mir auf der Stelle Ihr Buch. Zuerst begriff ich es nicht, da ich zu sehr durch meine Nervenkrise blockiert war. Trotzdem wandte ich morgens und abends den Satz ›Es geht mir jeden Tag in jeder Hinsicht immer besser und besser‹ an. Sofort fühlte ich mich viel ruhiger, mein Geist wurde klar, und als ich Ihre Methode schließlich begriff, war sie wie eine Offenbarung für mich. Ich habe sie analysiert und so gut verstanden, daß ich heute körperlich und vor allem seelisch geheilt bin. Ich bin darüber so glücklich, daß ich es Ihnen unbedingt kundtun muß.«

Madame E. aus R., New York

»Nun habe ich meine Prüfung bestanden. Ich möchte Ihnen gleich mitteilen, daß ich dank Ihrer ausgezeichneten Methode und Ihrer Hilfe sehr gut bestanden habe. Ich war überhaupt nicht aufgeregt, wie es sonst bei mir der Fall war, und meine Antworten waren klar und exakt.«

G., Marseille

»Mit Freude teile ich Ihnen mit, daß mein Sohn seit dem 22. September 1922, dem Tag, an dem ich Sie aufgesucht hatte, keine Asthmaanfälle mehr gehabt hat. Er fühlt sich ausgezeichnet und schläft sehr gut.«

Madame L., Lille

»Ich schreibe Ihnen, um Ihnen für die wunderbare Wirkung zu danken, die Ihr Buch auf mich ausgeübt hat. Ich litt unter nervöser Depression, die bei mir eine starke Neurasthenie zur Folge hatte. Ich war nicht mehr fähig, ein normales Leben zu führen, als mir eine Zeitschrift ins Auge fiel, die Ihr Buch besprach, das ich mir dann auch kaufte. Ich habe es gelesen und fing an, die darin aufgeführte Autosuggestionsmethode zu praktizieren, was sofort eine Besserung brachte. Jetzt fühle ich mich völlig frisch, munter und fröhlich und bin sehr optimistisch eingestellt.

Ich habe Ihre Methode vielen Personen empfohlen, von denen die meisten großen Nutzen daraus zogen. Je mehr ich darüber nachdenke, desto mehr wundere ich mich über ihre Wirksamkeit und Einfachheit. Die unbegrenzte Kraft, die in uns ruht, macht uns tatsächlich zu Herren unseres Schicksals.«

P. F., Canley Vale, Australien

»Auf der Rückfahrt von Nancy hatte sich bei meiner Tochter bereits eine Besserung eingestellt, aber es traten noch ein paar kleine Rückfälle auf. Indes hatte sie sich nach jedem Rückfall bald wieder gefangen. Sie sagte: ›Da hat mir mein Unbewußtes wieder einen Streich gespielt, aber es wird vorübergehen.‹

Tatsächlich trat eine dauerhafte Besserung ein. Seit einem Monat ist meine Tochter die alte. Wir besuchen Freunde, ohne daß sie Angstgefühle bekommt; sie geht auch zum Zahnarzt, wo sie mehrere Male warten mußte, was sie mit der größten Selbstverständlichkeit tat, denn sie hat absolutes Vertrauen in Ihre ausgezeichnete Methode, die auch meiner Frau und mir von größtem Nutzen ist.« F., Auxerre

»Drei Jahre lang hatte ich schreckliche Asthmaanfälle, die sich regelmäßig jeden Monat wiederholten und mich zwangen, vierzehn Tage lang das Bett zu hüten. Ich konnte mich nur noch unter größten Schmerzen bewegen. Letzten September hatte ich den letzten Anfall. Danach war meine Beklemmung zwar weniger stark, hörte aber nicht mehr auf und war deshalb sehr lästig. Manchmal trauerte ich fast den starken Anfällen nach, die mir wenigstens ein paar Tage Ruhe ließen. Jede Art von Nahrungsaufnahme verstärkte die Beklemmung, und ich konnte kein normales Leben mehr führen. Ich befand mich schon seit mehr als vier Monaten in diesem Zustand, als man mich Mitte Januar auf Ihre Methode aufmerksam machte. Nach einigen Tagen des Zögerns und des Zweifels sagte ich mir, daß auch ich die Methode erproben sollte, da andere von derselben Krankheit geheilt worden waren. Voller Eifer und Zuversicht fing ich an, mir zwanzigmal morgens und abends vorzusagen: ›Es geht mir jeden Tag in jeder Hinsicht immer besser und besser.‹ Während des Tages sagte ich mir oft: ›Es geht mir besser, es geht mir besser usw.‹

Nach knapp zehntägiger Anwendung dieser Methode zeigte sich eine deutliche Besserung meiner Atmung. Ich atmete viel leichter.

Ich wandte die Methode mit noch mehr Eifer und Zuversicht an. Seit Januar hatte sich mein Zustand stark verbessert, und es kam auch bis jetzt zu keinem Rückfall. Heute bin ich fast völlig geheilt. Nur sehr selten empfinde ich noch eine leichte Beklemmung, wenn ich eine Anhöhe oder Treppe hinaufgehe; aber ich hoffe, daß ich auch diese letzten Nachwirkungen meiner Krankheit zum Verschwinden bringen kann.

Ich führe wieder ein normales Leben, gehe aus wie andere Menschen auch, mache auf dem Land Spaziergänge über zehn bis fünfzehn Kilometer, ohne außer Atem zu geraten. Ich nehme an allen Treffen von Verwandten und Freunden teil, kann nach Belieben reisen, was ich alles seit fast vier Jahren nicht mehr hatte tun können. Ich fühle mich wie neugeboren.«

Mademoiselle C. M., Auxerre

»Im Frühjahr 1916 wurde ich in den Schützengräben bei Loos an der linken Kopfseite durch einen Granatsplitter verwundet, was eine Totallähmung meiner rechten Körperhälfte zur Folge hatte. Ich konnte weder das rechte Bein noch den rechten Arm bewegen. Mein Geruchs- und Geschmackssinn waren stark abgestumpft, und mein Gewicht fiel auf 98 Pfund. Ich litt an Gedächtnisschwäche, und das Sprechen fiel mir schwer. Die nächsten sechs Jahre verbrachte ich in verschiedenen Kliniken, aber weder Massagen, Bäder, Elektrobehandlungen, Wärme- und Lichttherapien konnten die Lähmung beheben. In dieser Zeit erreichte ich immerhin ein Gewicht von 126 Pfund. Im November 1921 las ich Charles Baudouins Buch über Autosuggestion und fühlte mich sofort von der Arbeit der Nancyer Schule angezogen. Meine Frau brachte mich im Rollstuhl, meinem derzeitigen Fortbewegungsmittel, in diese Stadt, denn ich konnte nur mit Hilfe eines Stocks ein paar Schritte gehen, wobei ich das Bein nachzog. Meinen rechten Arm trug ich in der Schlinge. M. Coué erklärte mir, als ich ihn das erste Mal aufsuchte, daß meine Heilung, wenn sie überhaupt möglich sei, sehr lange dauern würde. Auch wenn er es nicht offen ausdrückte, glaubte er im Grunde genommen nicht an sie. Er trug meiner Frau auf, nachts während des Schlafs Suggestion an mir durchzuführen. Sofort kehrte mein Appetit zurück, und ich konnte alle Speisen wieder verdauen. Seit meiner Verwundung aß ich nur noch sehr wenig und litt an einer Nervenschwäche. Jede Nacht schlief ich acht Stunden durch, während ich in den Kliniken durchschnittlich nur zwei Stunden geschlafen hatte. In den ersten drei Monaten nahm ich ungefähr 28 Pfund zu. Geschmacks- und Geruchssinn kehrten wieder, und meine Frau stellte fest, daß ich während des Schlafs meine Finger und mein Bein leicht bewegte. Erst im November 1922 zeigte sich eine sichtbare Besserung meiner Lähmung. Es gelang mir, meinen Fuß hochzuheben, ich konnte alle Finger bewegen und den Arm heben.

Von Tag zu Tag machte ich deutliche Fortschritte, und heute betrachte ich mich als geheilt. Ich bin überglücklich, in Frankreich, dem Land, wo ich meine Gesundheit eingebüßt hatte, diese durch einen Franzosen wiedererlangt zu haben.« *R.*, New York

Anmerkung: »In der Zwischenzeit bin ich völlig geheilt; heute kann ich tanzen, Golf und Tennis spielen.«

»Letzten Oktober kam ich nach Nancy und habe ungefähr an sechs Sitzungen teilgenommen. Ich war aufgrund eines Schilddrüsenproblems extrem geschwächt, zudem litt ich seit einiger Zeit an Anämie. Ich fühlte mich zu krank und schwach, um noch Hoffnung auf Gesundung zu hegen. Trotzdem fing ich an, Ihre Methode zu praktizieren. Ich muß gestehen, daß anfangs keine deutliche Veränderung eintrat. Aber nach zwei Monaten fühlte ich mich plötzlich viel besser, und seit der Zeit schritt die Besserung langsam, aber kontinuierlich fort. Meine Neurasthenie verschwand völlig, ebenso die extreme Mattigkeit, die mir das Leben zur Last machte. Ich bin jetzt 32 und kann sagen, daß ich mich seit dem 15. Lebensjahr nie mehr so wohl gefühlt habe. Meine Erleichterung in seelischer Hinsicht ist groß. Vorbei sind die Kämpfe, in denen ich mich verzweifelt aufrieb. Ihre Methode ist das richtige Mittel, das mühelos zum Erfolg führt.

Der alte Konflikt zwischen meiner Vorstellungskraft und meinem Willen existiert nicht mehr; beide Kräfte harmonieren, und ich bin darüber unendlich erleichtert.« *L. C.,* Heekmandwike
(Aus dem Englischen übersetzt)

»Ich sehe es als meine Pflicht an, Ihnen zu schreiben, um Ihnen für Ihre Hilfe zu danken. Seit drei Jahren hatte ich solch große Probleme mit meiner Blase und der Gebärmutter, daß mir das Leben zur Last geworden war. Ich hatte mehrere Ärzte aufgesucht, ohne jedoch eine Linderung der Beschwerden zu erlangen. Eines Tages gab mir ein Freund, der selbst die positive Wirkung Ihrer Behandlung erlebt hatte, Ihr Buch. Ich segne den Tag, an dem ich Ihre Methode kennengelernt habe, denn sofort ging es mir besser. Seit fünf Monaten praktiziere ich Ihre Methode, fühle mich fast völlig be-

schwerdefrei, und das Leben erscheint mir wieder lebenswert. Ich kann Ihnen nicht genug danken und werde allen Leidenden Ihre Methode weiterempfehlen und ihnen von meinen Erfolgen berichten.«
(Aus dem Englischen übersetzt) *S. G.*, London

»Seit vier Jahren litt ich an einer starken Bindehautentzündung. Ich hatte verschiedene Ärzte konsultiert, aber ohne Erfolg. Der letzte, den ich aufgesucht hatte, erklärte mir, meine Krankheit sei unheilbar. Jetzt aber bin ich dank Ihrer Methode wieder gesund. Alle anderen Behandlungen haben versagt.«
Madame S. R., Lunéville

»Ich hatte mir einen Monat Urlaub genommen, um an Ihren Sitzungen teilzunehmen. Mein ganzer Verdauungsapparat sowie mein Nervensystem waren gestört. Gleich von Anfang an wurde eine deutliche Besserung erkennbar, was mich bewog, etwas voreilig, meine Diät aufzugeben. Es traten erneut Magen- und Darmbeschwerden auf. Zu diesem Zeitpunkt verließ ich Nancy. Sie hatten mir geraten, am Mittwoch an der Sitzung von Mademoiselle Villeneuve teilzunehmen. Ich setzte die Autosuggestion fort und bin jetzt völlig von meinem 15 bis 18 Jahre alten Darmleiden geheilt. Auch meine Magenbeschwerden gehören der Vergangenheit an. Mein Nervensystem ist etwas stabiler geworden, und trotz der vielen Arbeit am Jahresende und der erdrückenden Hitze geht es mir so gut wie seit Jahren nicht mehr.

Natürlich mache ich all jene Personen mit Ihrer Methode bekannt, von denen ich annehme, daß sie sie begreifen. Ich habe sie wärmstens einem meiner Brüder, einem Arzt, empfohlen. Aus Unkenntnis (oder ungenügender Kenntnis) der Methode war er jedoch skeptisch. Über das Ergebnis war er sehr erstaunt, da er wußte, wie krank ich seit Jahren war. Er hatte mich seinerzeit geröntgt und kannte das schlechte Funktionieren meiner Organe.«
E. Ch., Paris

»Mir persönlich hat die Wissenschaft der Autosuggestion – ich bin der Meinung, es handle sich hierbei ausschließlich um eine Wissenschaft – große Dienste erwiesen. Aber ich lege Wert darauf, zu betonen, daß ich mich vor allem deshalb besonders dafür interessiere, weil ich darin eine Möglichkeit sehe, die vollkommene Nächstenliebe zu praktizieren.

Als ich 1915 das erste Mal eine Sitzung von M. Coué besuchte, hielt ich noch nichts von seiner Methode.

Aber angesichts der Vorgänge, die sich in meiner Anwesenheit hundertmal wiederholten, mußte ich eingestehen, daß die Autosuggestion immer, natürlich verschieden stark, auf die organischen Krankheiten einwirkte. Die wenigen Fälle (die selten vorkamen), bei denen sie keinen Erfolg hatte, sind Nervenkrankheiten, Fälle von Neurasthenie oder eingebildete Krankheiten.

Ich brauche Ihnen wohl nicht zu sagen, meine verehrte Mademoiselle, daß Emile Coué, genau wie Sie, aber noch stärker, folgende Punkte herausstellt: Er wirke niemals Wunder, heile niemanden, sondern bringe den Menschen bei, sich selbst zu heilen. Ich gestehe, daß ich in diesem Punkt nach wie vor etwas skeptisch bin, denn wenn Coué nicht heilt, so trägt er doch beträchtlich zur Heilung bei, indem er den Kranken Mut macht, sie lehrt, nie zu verzweifeln, sie aufrichtet und sie über sich hinausführt, in geistige Höhen, die die meisten Menschen, die völlig im Materiellen verhaftet sind, nie erblickt haben.

Je mehr ich in die positive Autosuggestion eindringe, desto besser begreife ich das göttliche Gesetz von Vertrauen und Liebe, das Jesus Christus uns verkündet hat: ›Liebe deinen Nächsten, gib ihm etwas von deiner Seelenkraft, hilf ihm aufzustehen, wenn er krank ist.‹ Das ist die ›Gabe Gottes‹, von der Jesus zum Samariter gesprochen hat. Genauso verhält es sich aus meiner christlichen Sicht mit der Anwendung der positiven Autosuggestion, die ich als wohltuende und tröstende Wissenschaft betrachte, die uns besser zu verstehen hilft, daß wir, da wir alle Kinder Gottes sind, ungeahnte Kräfte in uns haben, die, richtig gelenkt, dazu dienen, uns seelisch zu festigen und körperlich zu heilen.

Jene, die Ihre Wissenschaft nicht oder nur ungenau kennen, sollen sie nicht beurteilen, bevor sie die Ergebnisse gesehen haben, die durch sie erzielt wurden, und die positive Wirkung, die sie ausübt, erlebt haben.

Ich bin Ihre treu ergebene Bewunderin.«

Madame D., Nancy

Gedanken und Anweisungen
von Emile Coué

Der Mensch ist mit einem Becken vergleichbar, an dem sich oben und unten je ein Wasserhahn befindet. Durch den oberen Hahn fließt Wasser ein und füllt das Becken. Der untere Hahn, der einen etwas größeren Durchmesser hat, dient dazu, es aufzufüllen oder zu leeren, je nachdem, ob er geöffnet oder geschlossen ist.

Was passiert, wenn beide Hähne gleichzeitig offen sind? Offensichtlich ist das Becken dann immer leer. Was geschieht dagegen, wenn der untere Hahn geschlossen bleibt? Das Becken füllt sich allmählich, und wenn es voll ist, läuft genauso viel Wasser über, wie Wasser eingelassen wird.

Jeder sollte also den unteren Hahn geschlossen halten und seine Kraft nicht vergeuden; wo eine Bewegung ausreicht, sollte er nur eine und nicht zwanzig oder vierzig Bewegungen machen. Er sollte nie voreilig handeln. Was er tut, soll er als leicht ansehen und im passenden Augenblick tun. Wenn man so verfährt, bleibt das Kräftereservoir immer voll, und das, was überläuft, ist mehr als ausreichend für unseren Bedarf, wenn wir richtig damit umgehen.

Nicht die Zahl der Jahre macht den Menschen alt, sondern die Vorstellung, daß man alt wird; es gibt Menschen, die sind mit achtzig jung und andere mit vierzig schon alt.

Ohne es zu suchen, findet der Altruist das, was der Egoist sucht, ohne es zu finden.

Je mehr Sie anderen Gutes erweisen, desto mehr erweisen Sie es sich selbst.

Reich ist, wer sich für reich hält, arm, wer sich für arm hält.

Wer große Reichtümer besitzt, sollte einen großen Teil dafür aufwenden, Gutes zu tun.

Wenn zwei Menschen zusammenleben, werden die Konzessionen, die bekanntlich von beiden Seiten gemacht werden sollten, fast immer nur von einer gemacht.

Wollen Sie sich nie langweilen? Dann reiten Sie mehrere Steckenpferde. Wenn Sie eines davon leid sind, greifen Sie zum nächsten.

Die Erblichkeit besteht vor allem aus der Vorstellung, daß sie unvermeidlich eintreten werde.

Wer reich geboren ist, weiß nicht, was Reichtum bedeutet; wer sich immer guter Gesundheit erfreut hat, weiß nicht, welch kostbares Gut er besitzt.

Um Reichtum zu genießen, muß man viel durchgemacht haben; um die Gesundheit zu schätzen, muß man krank gewesen sein.

Es ist besser, man weiß nicht, woher ein Übel kommt, und vertreibt es, statt es zu ergründen und doch nicht loszuwerden.

Versuche stets zu vereinfachen, statt zu komplizieren.

Die Stoiker, die sich auf die Vorstellungskraft stützten, sagten nicht: »Ich will nicht leiden«, sondern: »Ich leide nicht.«

Man kann nicht an verschiedene Dinge gleichzeitig denken; die Gedanken reihen sich im Kopf aneinander, ohne sich dabei zu überlagern.

Ich zwinge niemandem etwas auf; ich helfe lediglich den Menschen, das zu tun, was sie gern tun würden, wozu sie sich aber nicht für fähig halten. Zwischen ihnen und mir herrscht kein Kampf, sondern Einmütigkeit. Nicht ich wirke, sondern eine Kraft, die ihnen innewohnt und deren sie sich auf meine Anleitung hin bedienen sollen.

Grübeln Sie nicht über die Ursache des Leidens nach, stellen Sie lediglich seine Wirkung fest, und bringen Sie es zum Verschwinden. Allmählich läßt Ihr Unbewußtes auch die Ursache verschwinden, wenn dies möglich ist. Die Worte »ich würde gern« ziehen immer »aber ich kann nicht« nach sich.

Wenn Sie leiden, sagen Sie nie: »Ich versuche, dies und jenes zum Verschwinden zu bringen«, sondern: »Ich bringe dies und jenes zum Verschwinden«, denn wo der Zweifel herrscht, bleibt der Erfolg aus.

Der Schlüssel zu meiner Methode liegt im Wissen von der Überlegenheit der Vorstellungskraft über den Willen.
  Wenn beide in die gleiche Richtung gehen, wenn man sagt: »Ich will, und ich kann«, so ist das hervorragend; im andern Fall aber siegt immer die Vorstellungskraft über den Willen.

Lernen wir, unseren Charakter zu schulen, die Dinge sofort, klar und einfach und mit ruhiger Bestimmtheit auszusprechen: *reden wir wenig, aber deutlich; sagen wir nur das, was nötig ist.*

Üben wir Selbstbeherrschung. Vermeiden wir den Jähzorn, denn er verbraucht unsere Energiereserven und schwächt uns. Er vollbringt nie Gutes; er zerstört nur und ist immer ein Hindernis auf dem Weg zum Erfolg.

Seien wir ruhig, sanft, gütig, selbstsicher, und lernen wir zudem, uns selbst zu genügen.

Das Unbewußte bestimmt alles: Körper und Seele. Es steuert das Funktionieren all unserer Organe und über das Nervensystem sogar das Leben der kleinsten Zelle unseres Körpers.

Man macht sich Illusionen, wenn man glaubt, keine zu haben.

Die Angst vor der Krankheit beschwört diese herauf.

Verbringen Sie nicht Ihre Zeit damit, nach Krankheiten zu suchen, die Sie haben könnten. Denn wenn Sie keine wirklichen Krankheiten haben, beschwören Sie mit Gewalt welche herauf.

Wenn Sie bewußt Autosuggestion praktizieren, machen Sie sie ganz unverkrampft, ganz schlicht, mit Überzeugung und vor allem *ohne Anstrengung*. Die unbewußte und oft negative Autosuggestion geschieht deshalb so leicht, weil wir uns dabei nicht anstrengen müssen.

Seien Sie davon überzeugt, daß Sie das erreichen, was Sie wollen. Sie werden es erreichen, vorausgesetzt, es ist vernünftig.

Um über sich selbst Herr zu werden, genügt die bloße Vorstellung, daß man es wird. Wenn zum Beispiel Ihre Hände zittern oder Ihr Gang unsicher ist, brauchen Sie sich nur vorzusagen, daß dies alles bald verschwinden wird, und nach und nach wird es verschwinden.

Sie müssen nicht mir vertrauen, sondern sich selbst, denn in Ihnen allein ruht die Kraft, die Sie heilen wird. Meine Rolle besteht lediglich darin, Ihnen beizubringen, wie Sie sich dieser Kraft bedienen können.

Reden Sie nie über Dinge, von denen Sie nichts verstehen, denn dann reden Sie nur Unsinn.

Das, was Ihnen als ungewöhnlich erscheint, hat eine ganz natürliche Ursache; es erscheint Ihnen nur deshalb als ungewöhnlich, weil Sie die Ursache nicht kennen. Wenn Sie diese erkannt haben, erscheint Ihnen alles als ganz natürlich.

Bei einem Konflikt zwischen Willen und Vorstellungskraft trägt immer die Vorstellungskraft den Sieg davon. In diesem leider allzu häufigen Fall tun wir nicht nur das nicht, was wir wollen, sondern das Gegenteil davon. Beispiele: Je mehr wir schlafen wollen, je mehr wir nach dem Namen einer Person suchen, der uns entfallen ist, je mehr wir ein Lachen unterdrücken wollen, je mehr wir eine Schwierigkeit überwinden wollen und dabei denken, daß es uns doch nicht gelingt, desto aufgeregter sind wir, desto mehr entzieht sich uns der gesuchte Namen, desto stärker ist unser Lachreiz, desto direkter steuern wir auf das Hindernis zu.

Folglich ist die Vorstellungskraft und nicht der Wille die stärkste Kraft des Menschen. Man würde einen schwerwiegenden Fehler begehen, wenn man den Menschen empfehlen würde, ihren Willen zu stärken; es ist viel wichtiger, daß sie sich um die Entwicklung ihrer Vorstellungskraft kümmern.

Die Dinge sind für uns nicht so, wie sie sind, sondern so, wie sie uns zu sein scheinen; nur so erklären sich die widersprüchlichen Aussagen von Personen, die nach bestem Wissen und Gewissen ihre Aussage machen.

Indem man glaubt, Herr seiner Gedanken zu sein, wird man es auch wirklich.

Jeder unserer Gedanken, sei er gut oder böse, konkretisiert sich, verwirklicht sich, wird, kurz gesagt, Realität im Bereich der Möglichkeit.

Wir sind das, was wir aus uns machen, und nicht das, was das Schicksal aus uns macht.

Wer sich für das Leben vornimmt: »Ich werde es schaffen«, wird es unweigerlich schaffen, denn er macht all das, was dazu nötig ist. Und wenn sich ihm nur eine einzige Gelegenheit bietet und diese ein einziges Haar hat, wird er dieses eine Haar ergreifen. Zudem schafft er, unbewußt oder bewußt, die passenden Gelegenheiten selbst.

Wer dagegen immer an sich zweifelt (ich bin eben ein Pechvogel), erreicht nie etwas. Nie wird er die Gelegenheit beim Schopf ergreifen. Auch wenn er in einem Meer von Absalom-Haarschöpfen schwimmen würde und bloß die Hand danach ausstrecken müßte, er würde es nicht tun, denn er sähe sie nicht. Und wenn er selber Situationen schafft, so sind es schädliche. Klagen Sie also nicht das Schicksal an, sondern ärgern Sie sich über sich selbst.

Es heißt immer, man soll sich anstrengen, aber das ist falsch. Denn Anstrengung ist gleichzusetzen mit Willensanspannung, und in diesem Fall ist damit zu rechnen, daß die Vorstellungskraft in der entgegengesetzten Richtung wirkt. Die Folge ist, daß genau das Gegenteil dessen geschieht, was man erreichen wollte.

Wenn etwas möglich ist, soll man es immer als leicht durchführbar ansehen. Mit dieser Einstellung verbraucht man von seiner Kraft nur das, was erforderlich ist. Wenn man es als schwierig ansieht, verbraucht man zehn-, ja zwanzigmal mehr Kraft als notwendig; anders ausgedrückt: Man vergeudet sie.

Die Autosuggestion ist ein Instrument, das zu beherrschen man lernen muß, wie es bei jedem Instrument der Fall ist. Ein ausgezeichnetes Gewehr in unerfahrenen Händen erbringt nur frustrierende Ergebnisse. Je geschickter aber diese Hände werden, desto leichter treffen die von ihr abgefeuerten Schüsse das Ziel.

Die bewußte Autosuggestion, die mit Zuversicht, Glauben und Ausdauer durchgeführt wird, verwirklicht sich im Bereich des Vernünftigen mit mathematischer Sicherheit.

Wenn einige Menschen mit der Autosuggestion keine befriedigenden Ergebnisse erzielen, dann deshalb, weil es ihnen entweder an Zuversicht mangelt oder weil sie sich anstrengen, was meistens der Fall ist. Um eine wirksame Suggestion zu praktizieren, ist es unbedingt notwendig, daß man sich *nicht anstrenge*. Anstrengung impliziert den Gebrauch des *Willens,* der unbedingt ausgeschaltet werden muß. *Ausschließlich* die Vorstellungskraft ist einzusetzen.

Viele Personen, die ihr Leben lang ohne Erfolg behandelt wurden, stellen sich vor, daß sie durch Suggestion sofort geheilt würden. Das ist ein Irrtum; es ist nicht vernünftig, so zu denken. Man darf von der Suggestion nur das verlangen, was sie üblicherweise bewirken kann, d. h. eine allmähliche Besserung, die sich, wenn das möglich ist, mit der Zeit in eine dauerhafte Heilung umwandelt.

Die von den Heilern angewandten Verfahren laufen alle auf die Autosuggestion hinaus, d. h., daß ihre Worte, Beschwörungen, Gesten, theatralischen Effekte nur darauf abzielen, bei den Patienten die Autosuggestion zu bewirken, die die Heilung herbeiführen soll.

Jede Krankheit hat zwei Aspekte (sofern es sich nicht um eine reine Geisteskrankheit handelt). Jedes körperliche Leiden geht nämlich Hand in Hand mit einem seelischen. Wenn wir dem körperlichen Leiden den Koeffizienten 1 zuordnen, kann das geistige den Koeffizienten 1, 2, 10, 20, 50, 100 und mehr erhalten. In vielen Fällen wird es durch Suggestion sofort verschwinden. Wenn der Koeffizient des geistigen Leidens sehr hoch ist, zum Beispiel 100 bei einem Koeffizienten 1 für das körperliche Leiden, so bleibt nur dieses, d. h. ein Hunderteintel der Gesamtkrankheit; das nennt man ein Wunder, und dabei ist nichts Wundersames daran.

Die körperlichen Leiden sind, entgegen allgemeiner Meinung, gewöhnlich viel leichter zu heilen als die geistigen.

... Buffon sagte: »Der Stil ist der Mensch.« Wir sagen: »Der Mensch ist das, was er denkt.« Die Angst vor dem Scheitern läßt ihn mit fast hundertprozentiger Sicherheit scheitern, genau wie die Vorstellung von Erfolg ihn zum Erfolg bringt: er wird immer alle Hindernisse, die ihm begegnen, aus dem Weg räumen.

Derjenige, der die Suggestion ausübt, muß genauso überzeugt sein wie derjenige, an dem sie praktiziert wird. Diese Überzeugung, dieser Glaube ermöglicht ihm, Erfolge zu erzielen, wo alle anderen Mittel versagt haben.

Nicht das Individuum wirkt, sondern die »Methode«.

Von wem auch immer wir Suggestionen erhalten mögen, wir selber können uns stärkere geben.

... Entgegen der allgemein gültigen Meinung kann die Suggestion oder Autosuggestion die Heilung organischer Leiden bewirken.

... Früher glaubte man, die Hypnose könne nur bei der Behandlung nervöser Leiden angewandt werden; aber ihr Reich umfaßt mehr. Die Hypnose wirkt nämlich über das Nervensystem, dieses wiederum beherrscht den ganzen Organismus. Die Muskeln werden durch Nerven in Bewegung gesetzt; die Nerven beherrschen den Blutkreislauf durch ihr direktes Einwirken auf das Herz und die Gefäße, die sie ausdehnen oder zusammenziehen. Die Nerven beeinflussen also alle Organe, und über sie kann auf die kranken Organe eingewirkt werden.

>Doktor *Paul Joire*, Präsident der Société
>universelle d'Etudes psychiques

Der mentale Einfluß spielt bei der Heilung eine entscheidende Rolle. Es wäre nicht richtig, diesen wichtigen Faktor außer acht zu lassen, denn sowohl in der Medizin als auch in allen anderen Bereichen menschlichen Handelns beherrschen die *geistigen Kräfte* die Welt.

>Doktor *Louis Rénon*, außerordentlicher Professor
>an der medizinischen Fakultät von Paris und
>Arzt am Hôpital Necker

... *Geduld* und *Ausdauer* sind Kräfte, sie sollen als einzige angewandt werden.

... Das große Prinzip der Autosuggestion darf nie aus den Augen verloren werden: *Auch wenn alles dagegen spricht, immer optimistisch bleiben!*

>*René de Brabois*

... Die auf dem Glauben beruhende Suggestion ist eine wunderbare Kraft!

>Doktor *A. L.*, Paris, Juli 1920

... Um eine unerschütterliche Zuversicht zu haben und zu vermitteln, muß man mit der Überzeugung der totalen Aufrichtigkeit arbeiten können, und um diese Überzeugung und Aufrichtigkeit zu erlangen, muß man über das eigene Interesse hinaus *das Wohl des anderen* wollen.

La Force en Nous, von *Ch. Baudouin*

Ratschläge und Anweisungen an seine Schüler

Wortwörtlich aufgezeichnet von Madame Emile Léon

Die Ratschläge, die befolgt werden müssen, um bei den Patienten positive Autosuggestionen zu bewirken, sind kurz; wenn sie richtig befolgt werden, reichen sie aber aus: Man soll *selbstsicher* sein und dies durch den Klang der Stimme deutlich zeigen; man verhalte sich unkompliziert und drücke sich einfach aus, man trete *sehr entschieden* auf und schlage dem Patienten gegenüber einen Befehlston an.

Meine allgemeine Suggestion bewirkt, wenn sie mit monotoner Stimme gesprochen wird, bei den Patienten eine leichte Schläfrigkeit, wodurch meine Worte tiefer in ihr Unbewußtes eindringen können.

Achten Sie darauf, daß Ihre Worte beim Patienten ein Gefühl freundschaftlicher Verbundenheit und völligen Vertrauens erwecken. Dann wird er Ihnen seine ganze Aufmerksamkeit schenken. Nachdem Sie ihm gezeigt haben, daß Sie *sein Freund* sind, und ihn geistig so disponiert haben, daß er sich zufrieden fühlt und in guter Stimmung, werden Sie mühelos Erfolg haben.

Was für einen Patienten Sie auch behandeln mögen, Sie müssen Erfolg bei ihm haben, müssen der festen Überzeugung sein, daß Sie Erfolg bei ihm haben werden.

Seien Sie sich darüber im klaren, daß Sie allen Aufgaben gewachsen sind, die Sie bewältigen wollen, und daß Sie sie nicht nur ordentlich erfüllen, sondern hervorragend – natürlich unter der Voraussetzung, daß diese vernünftig und realistisch sind.

Wenn man Ihnen einen kühlen oder ungehaltenen Blick zuwirft oder wenn Sie fühlen, daß Sie Ihrem Gegenüber nicht sympathisch sind, soll Sie das nicht berühren und Ihre Fähigkeiten nicht beeinträchtigen; im Gegenteil, dies wird sie verdoppeln, verdreifachen, ja wird Sie über sich selbst erheben, und Sie werden sich sagen: »Diese Person, der ich nicht sympathisch bin, wird sich zu mir hingezogen fühlen, ich werde ihr sympathisch sein.« Jede Äußerung von Feindseligkeit wird an Ihnen abgleiten, wird Sie nicht berühren.

Sie wissen aus der Geschichte, daß einige Märtyrer mit einem Lächeln auf den Lippen gestorben sind, ohne unter ihren Qualen zu leiden. Da sie in ihrer Vorstellung bereits die Himmelskrone sahen, die sie erwartete, dachten sie nur an die himmlischen Freuden, die ihnen bevorstanden, und vergaßen den Schmerz.

Ich sage *keine unnützen Worte* und erlaube nicht, daß solche gesagt werden. Sie sind Neurastheniker: Ich weiß besser als Sie, was Ihnen fehlt und daß Sie sehr leiden (Neurastheniker lieben es, wenn man ihnen sagt, sie litten sehr). Wir werden dafür sorgen, daß Sie geheilt werden.

Nehmen Sie sich vor, ein bestimmtes Ziel zu erreichen, und Sie werden die dazu erforderlichen Mittel finden, und zwar, *ohne zu suchen,* was höchst erstaunlich ist. Wenn Sie meinen, daß es Ihre Aufgabe sei, diese jungen Leute dazu zu bringen, Ihre Sitzungen zu besuchen, dann werden Sie auch die richtigen Worte finden, um sie dazu zu bewegen, ja sogar um den Wunsch danach in ihnen zu erwecken.

Je mehr ich mich mit diesem Gebiet beschäftige, desto deutlicher erkenne ich, daß man nicht einmal die Aufmerksamkeit erzwingen darf. Ich beobachte die Natur und versuche, sie nachzuahmen. Je einfacher und kürzer eine Anweisung ist, um so besser ist sie. Man versuche nicht, die Suggestionen im Wortlaut abzuwandeln. »Es geht mir jeden Tag in jeder Hinsicht immer besser und besser« schließt alles in sich ein.

Seit zwei Jahren konnte eine Patientin die Hand nicht mehr öffnen. Kein Arzt konnte helfen. Dies gelang erst Dr. V., er verstand es, der Patientin zu suggerieren: *Ich kann.*

Man soll nie einen Patienten bedauern. Man wird mir entgegenhalten: »Sie sind aber hartherzig.« Aber ich würde Ihnen damit keinen Gefallen erweisen, denn es tut Ihnen nicht gut, wenn ich Sie bedaure.

Ich gebrauche bewußt keine derben Ausdrücke, sondern geläufige: Diese besitzen stärkere Wirkung.

Man spreche mit der leisen Stimme einer Person, die es gewohnt ist, daß man ihr gehorcht.

Ich behaupte: Unsere Stimme ist das, was wir aus ihr machen; sie ist ausbildungsfähig, und wir sollen sie ausbilden. Wer sich Mühe gibt, kann eine gute Stimme bekommen.

Die Person, die sich der Suggestion unterzieht, will irgend etwas erledigen, aber da sie sich vorstellt, sie sei dazu nicht fähig, tut sie genau das Gegenteil von dem, was sie will.

Das Schwindelgefühl ist ein frappierendes Beispiel dafür. Eine Person geht auf einem schmalen Pfad am Rand eines Abgrunds entlang. Anfangs ist sie völlig unbeschwert, aber plötzlich kommt ihr der Gedanke, sie könnte in den Abgrund stürzen. Wenn sie das Pech hat, auf die Seite des Abgrundes zu schauen, so ist sie verloren; die Vorstellung des Falls setzt sich in ihrem Kopf fest, sie fühlt sich von einer unsichtbaren Kraft angezogen, die immer stärker wird, je mehr sie sich dagegen stemmt; sie gibt nach und liegt zerschmettert im Abgrund. So entstehen die meisten Bergunfälle.

Was sich im Körperlichen abspielt, vollzieht sich ebenso im Seelischen; die gefährlichen Gedanken sind wie ein Abgrund, der den abstürzen läßt, der sie nicht abschütteln kann.

Der Einfluß des Geistes auf den Körper ist nicht zu leugnen, und ich behaupte sogar, er ist bei weitem größer, als gemeinhin angenommen wird. Er ist ungeheuer, unermeßlich: Wir sehen, wie er manchmal Versteifungen oder Lähmungen herbeiführen kann, die vielleicht vorübergehen, aber auch ein Leben lang dauern können, wenn nicht besondere Umstände die Psyche der Patienten verändern.

Beweis: Ich konnte eine Frau in Paris, die seit elf Jahren ans Zimmer gebunden war, dazu bringen, aufzustehen, zu gehen, ja sogar zu laufen.

Ich möchte nicht behaupten, daß der Wille keine Kraft sei. Er ist im Gegenteil eine große Kraft, aber diese wendet sich fast immer gegen uns. Man muß sich folgendes einprägen: »Ich möchte etwas Bestimmtes und bin im Begriff, es zu bekommen.« Wenn Sie dabei *keinerlei Anstrengungen* unternehmen, haben Sie Erfolg.

Sie selber erzeugen die Symptome, von denen Sie annehmen, daß es die Symptome der Krankheit sind, an der Sie zu leiden *glauben*.

Sagen Sie zu Ihrem Leiden: *Du hast mich einmal erwischt, erwischst mich aber nie wieder.*

Wiederholen Sie morgens und abends zwanzigmal: »Es geht mir jeden Tag in jeder Hinsicht immer besser und besser.« Diese Formel gilt für jeden, ist leicht und einfach – *zu einfach*, nicht wahr? Und doch ist dies sehr wichtig: Wenn Sie denken, Sie seien krank, so werden Sie krank; wenn Sie denken, daß die Heilung eintritt, so tritt sie ein.

Die sichere Gewißheit erschafft die Heilung, nicht die Hoffnung.

Eltern fällt es nicht schwer, die Fehler ihrer Kinder zum Verschwinden zu bringen und ihre guten Eigenschaften zutage zu bringen. Während des Schlafs sollen sie den Kindern 20- bis 25mal vorsagen, was sie von ihnen wollen; Väter und Mütter mögen dies als Pflicht gegenüber ihren Kindern ansehen, als seelische Nahrung, die genauso wichtig ist wie die konkrete Nahrung (für die man ja ausreichend sorgt).

Lob wirkt stimulierend, aber nicht, wenn es im Übermaß gespendet wird. Auch der Tadel dient als Ansporn für die Person; aber ständiger Tadel wirkt lähmend. Ich verwende Umschreibungen, die nicht verletzen, ich kleide den Tadel in einen Satz. Daran nehmen die Menschen keinen Anstoß, denn sie spüren genau, daß ich ihnen keine Vorwürfe mache. Sich selber können Sie Vorwürfe machen; wenn andere Ihnen Vorwürfe machen, ärgern Sie sich. Ich mache keine Vorwürfe, ich stelle einfach fest.

27.2.1917. Ja, gestern wurde ich sechzig und gehe nun auf die Siebzig zu. Aber wenn mich nicht gerade eine Bombe treffen sollte, werde ich mich damit nicht begnügen, und ich freue mich auf all die Jahre, die ich noch unbeschwert erleben werde.

Das ist die Vorstellung, die ich habe, und sie wird sich verwirklichen.

Die Sitzungen von Emile Coué

von Madame Emile Léon

In der Stadt ist sein Name in aller Munde. Er hat Zulauf aus allen Gesellschaftsschichten; alle empfängt er mit der gleichen Freundlichkeit, und schon dies genügt, um viele innerlich aufzurichten. Aber besonders faszinierend ist, wie Menschen, die in düsterer, fast feindseliger Stimmung gekommen sind – sie leiden –, nach der Sitzung entspannt, fröhlich, ja oft sogar strahlend wie die andern das Haus verlassen – sie leiden nicht mehr! Emile Coué zieht in heiterer Liebenswürdigkeit, die sein Geheimnis ist, all seine Patienten in seinen Bann. Er wendet sich der Reihe nach an die vielen Menschen, die zu seinen Sitzungen gekommen sind, und redet wie folgt mit ihnen:

Nun, Madame, was fehlt Ihnen denn?

Oh! Sie suchen zu krampfhaft nach dem Warum und dem Weshalb Ihrer Krankheit. Was kümmert Sie die Ursache Ihres Schmerzes? Sie leiden, das genügt. Ich werde Ihnen zeigen, wie man den Schmerz vertreibt.

Und wie geht's Ihnen, mein Herr? Ihrem offenen Bein geht es schon besser? Das ist gut, sehr gut, wissen Sie, für die beiden Male, die Sie hier waren, ist das schon ein schöner Erfolg! Ich gratuliere Ihnen zum Ergebnis. Wenn Sie Ihre Autosuggestion eifrig weiterführen, werden Sie bald geheilt sein ... Sie sagen, Sie haben diese Wunde seit zehn Jahren. Was macht das schon? Sie könnten sie seit über zwanzig Jahren haben, und sie würde trotzdem heilen.

Und Sie haben keinerlei Besserung erfahren? Wissen Sie, warum? Ganz einfach, weil es Ihnen an Selbstvertrauen fehlt. Wenn ich Ihnen sage, es wird besser, so wird es besser, nicht wahr? Warum? Weil Sie an mich glauben. Haben Sie mehr Selbstvertrauen, und Sie werden dasselbe erreichen.

Bitte, meine Liebe, nicht so viele Details, ich bitte Sie. Wenn Sie die Details suchen, schaffen Sie sie, und es bedarf einer ellenlangen Liste, um all Ihre Leiden aufzuschreiben! Ihre Seele ist krank. Stellen Sie sich vor, sie sei bereits auf dem Weg der Besserung, und auch Sie werden bald gesund sein. Ich werde Ihnen beibringen, wie das geht. Prägen Sie sich ein, daß Ihre Seele auf dem besten Wege ist, zu heilen, und sie wird heilen. Ich zeige Ihnen, wie das geht. Die Methode ist denkbar einfach.

Sie haben also alle acht Tage eine Nervenkrise? Gut: von heute an tun Sie alles, was ich Ihnen sage, und Sie werden keine Nervenkrisen mehr haben.

Sie leiden seit langem an Verstopfung? Woher kommt das? Seit vierzig Jahren, sagen Sie? Ich verstehe, aber es stimmt auch, daß Sie morgen geheilt sein können, verstehen Sie, morgen, vorausgesetzt natürlich, Sie halten sich genau an das, was ich Ihnen sage.

Sie haben also den grünen Star. Ich kann Ihnen die Heilung nicht fest versprechen, da ich mir in diesem Fall nicht sicher bin. Das soll aber nicht heißen, daß Sie nicht geheilt werden können, denn ich habe schon einen Fall von Heilung bei einer Dame in Chalon-sur-Saône und einer weiteren in Toul erlebt ...

Nun gut, mein Fräulein, da Sie seit Ihrem Besuch bei mir keine Nervenkrisen mehr hatten, während Sie sie sonst täglich hatten, kann man Sie jetzt als geheilt bezeichnen. Kommen Sie aber trotzdem noch ein paarmal zu mir, damit ich Sie noch eine Zeitlang beobachten kann.

Ihre Beklemmung wird mit Ihrem inneren Leiden verschwinden, wenn Ihre Verdauung wieder funktioniert. Es wird bestimmt besser werden, aber man soll nicht das Pferd beim Schwanz aufzäumen. Mit der Beklemmung verhält es sich ähnlich wie mit den Herzleiden, im allgemeinen vergeht sie sehr schnell ...

Die Suggestion soll Sie nicht daran hindern, Ihre ärztliche Behandlung fortzusetzen. Der Fleck, den Sie da auf dem Auge haben, heilt allmählich; er wird immer kleiner und durchsichtiger ...

Zu einem Kind (klar und bestimmt): Schließ die Augen, ich gebe dir hier keine wissenschaftlichen Erklärungen, du würdest sie doch nicht verstehen. Das Wehwehchen, das du in der Brust hast, wird verschwinden, und du mußt nicht mehr husten.

Erläuterung: Es ist seltsam, daß alle Patienten, die an chronischer Bronchitis leiden, sofort Erleichterung erfahren und die Krankheitssymptome schnell verschwinden.

Die Kinder sind sehr suggestibel, sehr folgsam: fast immer reagiert ihr Organismus sofort auf die Suggestion.

Er erklärt einer Patientin, die über Müdigkeit klagt: Nun gut, es gibt Tage, da ermüdet es mich auch, Sprechstunde zu halten, und ich tue es trotzdem, und zwar den ganzen Tag. Sagen Sie nicht: »Ich kann nichts dagegen tun. *Man kann sich immer überwinden.*«

Erläuterung: Die Vorstellung von Müdigkeit zieht zwangsläufig die Müdigkeit nach sich, und die Vorstellung einer Aufgabe, die erfüllt werden muß, verleiht immer die dazu nötige Kraft. Der Geist kann und muß das Tier in uns bezwingen.

Die Ursache (welcher Art sie auch sein mag), die Sie am Gehen hindert, muß von Tag zu Tag mehr verschwinden. Sie kennen doch das Sprichwort: Hilf dir selbst, so hilft dir Gott. Halten Sie sich zwei- bis dreimal pro Tag aufrecht, indem Sie sich auf zwei Personen stützen, und sagen Sie sich nicht vor, daß Sie zu schwach sind, daß Sie nicht stehen können, *sondern daß Sie es können* ...

Nachdem Sie gesagt haben: »Es geht mir jeden Tag in jeder Hinsicht immer besser und besser«, fügen Sie noch hinzu: »Die Personen, die mich verfolgen, können mich nicht mehr verfolgen, sie verfolgen mich nicht mehr.«

Das, was ich Ihnen sagte, stimmt genau: Sie brauchen sich nur vorzustellen, daß Ihnen nichts mehr fehle, und es fehlt Ihnen nichts mehr. *Stellen Sie sich also nicht vor, Ihr Leiden komme wieder, denn dann wird es wiederkommen ...*
(Eine Frau sagt leise: »Wieviel Geduld er hat, wie aufopferungsvoll er ist!«)

Alles, was wir uns vorstellen, wird für uns Wirklichkeit. Man darf sich also nicht gestatten, Negatives zu denken.

Denken Sie »Mein Leiden vergeht« auf dieselbe Weise, wie Sie denken, daß Sie Ihre Hände nicht öffnen können.
Je mehr Sie sagen: »Ich will nicht«, desto wahrscheinlicher tritt das ein, was Sie nicht wollen. Man muß sagen: *»Es geht vorüber«,* und dies auch denken. Ballen Sie eine Faust, und denken Sie: »Ich kann sie nicht mehr öffnen«, versuchen Sie's! (Die Patientin kann es nicht.) Sie sehen jetzt, wie wenig Ihr Wille vermag.
Erläuterung: Das ist der Kernpunkt der Methode. Um bei sich eine Autosuggestion durchzuführen, muß man den *Willen* völlig ausschalten und nur die Vorstellungs-

kraft gelten lassen, damit es zwischen diesen beiden Kräften nicht zu einem Kampf kommt.

Daß man mit zunehmendem Alter mehr Kraft entwickle, erscheint paradox; aber dem ist so.

Zu einem Diabetiker: Sie müssen unbedingt die vom Arzt verschriebenen Mittel nehmen. Ich will Sie trotzdem gern der Suggestion unterziehen, aber ich kann Ihnen nicht versprechen, daß Sie gesund werden.
Erläuterung: Ich habe mehrere Male erlebt, wie Diabetes durch Suggestion völlig geheilt wurde und wie, was noch erstaunlicher ist, die Eiweißausscheidung im Urin abnahm und in einigen Fällen sogar völlig verschwand.

Diese Angst ist ein regelrechter Alptraum. Die Menschen, die Sie haßten, werden Ihre Freunde. Sie lieben sie, und sie lieben Sie.

Aber *Wollen* und *Wünschen* ist *nicht das gleiche.*

Nachdem Emile Coué die Patienten gebeten hat, die Augen zu schließen, hält er ihnen eine kleine, suggestiv wirkende Ansprache, deren Wortlaut in »Die Selbstbemeisterung« (siehe Seiten 28–32) zu finden ist. Danach wendet er sich wieder jedem einzelnen Patienten zu und spricht mit ihm über seine Krankheit:

Zum ersten: »Ihnen, mein Herr, der Sie Schmerzen haben, sage ich, daß Ihr Unbewußtes dafür sorgen wird, daß von heute an die Ursache für Ihren Schmerz, die man Arthritis nennen oder sonstwie bezeichnen mag, nach und nach verschwinden wird. Wenn erst die Ursache beseitigt ist, so werden auch die Schmerzen allmählich nachlassen, und in kurzer Zeit gehören sie nur noch der Erinnerung an.«

Zum zweiten: »Ihr Magen funktioniert schlecht, er ist irgendwie erweitert. Nun gut, wie ich Ihnen soeben erklärt habe, werden die Funktionen Ihres Verdauungsapparats immer besser werden, und Ihre Magenerweiterung wird allmählich zurückgehen. Nach und nach wird Ihr Organismus Ihrem Magen wieder die Kraft und Elastizität, die er eingebüßt hatte, zurückgeben. Entsprechend wird Ihr Magen wieder seine ursprüngliche Form annehmen und immer müheloser die nötigen Bewegungen ausführen, um den Inhalt an den Darm weiterzuleiten. Gleichzeitig wird der durch die Magenerweiterung entstandene Sack immer kleiner werden, die Speisen verbleiben nicht mehr darin, und so werden die Gärungsprozesse ganz verschwinden.«

Zum dritten: »Ihnen, mein Fräulein, sage ich: Welche Schäden Ihre Leber auch haben mag, Ihr Organismus tut alles Nötige, damit diese Schäden von Tag zu Tag mehr verschwinden. In dem Maße, in dem sie heilen, lassen die Symptome, an denen Sie leiden, nach und verschwinden schließlich ganz. Ihre Leber funktioniert folglich immer besser, sie scheidet einen alkalischen und nicht mehr säurehaltigen Gallensaft aus, der in entsprechender Menge und Beschaffenheit in den Darm fließt und den Verdauungsprozeß begünstigt.«

Zum vierten: »Mein Kind, hör mir gut zu: Jedesmal, wenn du glaubst, eine Krise kündige sich an, wirst du meine Stimme hören, die dir blitzschnell sagt: Nein, nein, mein Kind, du bekommst keine Krise, und diese wird vorbei sein, bevor sie noch eingetreten ist.«

Zum fünften: »Ich habe Ihnen, mein Herr, erklärt und wiederhole es, daß Ihr offenes Bein heilen muß. Von heute an werden sich unter der Wunde kleine dichtgedrängte Pusteln bilden, die allmählich wachsen und die offene Wunde füllen werden. Gleichzeitig werden die Ränder dieser Wunde sich in allen Richtungen aneinander annähern, sowohl in die Höhe als auch auf alle Seiten. Dann wird der Moment kommen, wo die Ränder sich berühren, so daß nur noch ein Punkt oder eine Linie existiert, die vernarben wird. Damit ist die Heilung vollzogen.«

Zum sechsten: »Sie haben also einen Bruch. Nun gut, er kann, ja er muß heilen. Ihr Unbewußtes wird bewirken, daß der Riß in Ihrem Bauchfell immer mehr vernarbt. Das Loch wird also von Tag zu Tag kleiner, am Ende schließt es sich ganz, und Sie haben keinen Bruch mehr.«

Zum siebten: »Und Sie, mein Herr, leiden also an grünem Star (oder am grauen oder sonst einem Augenleiden). Ich sage Ihnen, daß ab heute Ihr Augenleiden heilen wird, und in dem Maße, in dem es heilt, stellen Sie fest, daß Ihre Augen immer besser werden, daß Sie immer weiter sehen können, immer klarer und immer deutlicher ...«

Zum achten: »Sie haben, wie Sie mir berichteten, ein Ekzem (oder eine Hautkrankheit). Diese Hautkrankheit muß schnell verschwinden, ich sage schnell, verstehen Sie mich? Also wird die Ursache dieses Hautleidens allmählich verschwinden, und natürlich wird die Krankheit nach Beseitigung der Ursache ebenfalls verschwinden. Wenn Sie an den kranken Stellen Brennen und Juckreiz verspüren, werden Sie feststellen, daß diese Symptome von Tag zu Tag mehr zurückgehen. Besteht eine Absonderung, so wird diese von Tag zu Tag schwächer werden. Wenn sich die Haut schuppt und wenn Ihre Haut in Form von perlmuttartigen Schuppen abfällt, zeigt sich anstelle der alten Haut eine neue, weiche Haut, mit normaler Tönung. Sie besitzt jetzt die Eigenschaften, die die Haut normalerweise haben sollte.«

Zum neunten: Wanderniere: vergleichbare Erklärung für die Wanderniere und die Gebärmuttersenkung. Die verlängerten Mutterbänder gewinnen allmählich ihre ursprüngliche Länge zurück.

Zum zehnten: Darmentzündung. »Die Darmentzündung nimmt allmählich ab, und gleichzeitig werden der zähe Schleim und die Membrane, die manchmal mit dem Stuhl abgehen, immer weniger, bis zu dem Tag, da sie völlig verschwunden sind und die Heilung eingetreten ist.«

Zum elften (Anämie): »Ihr Blut wird von Tag zu Tag reichhaltiger, röter; es besitzt immer mehr die Eigenschaften des Bluts einer gesunden Person. Unter diesen Bedingungen verschwindet die Anämie allmählich und mit ihr all die Unannehmlichkeiten, die sie mit sich bringt.«

Zum zwölften: »Jedesmal wenn Sie anfangen, Schmerz zu empfinden, sagen Sie *sofort, sofort*: ›Das geht vorüber‹, schnell, sehr schnell, wie ein Blitz. Sie müssen lernen, sich der Autosuggestion zu bedienen, und wenn Sie mehrere Lektionen hinter sich haben, brauchen Sie mich nicht mehr; es sei denn, Sie *glauben*, daß Sie mich noch benötigen.«

Zum dreizehnten: »Die Versuche sind sehr positiv verlaufen. Wenn Sie nicht schlafen können, dann deshalb, weil Sie sich anstrengen. Es genügt, wenn Sie sagen: ›Ich werde schlafen, ich werde schlafen‹, dabei summen Sie wie eine Biene im Flug. Wenn dies nicht funktioniert, machen Sie es nicht richtig.«

Zum vierzehnten: »Man mißtraue allem, was regelmäßig wiederkehrt.« Zu einer bestimmten Zeit benutzten alle Damen Düfte, da sie im zarten Alter von zehn Jahren gehört hatten: Tante Gertrude oder Cousine Germaine haben sich auch parfümiert. Folglich sagten sie sich: »Ich werde auch Parfüm benutzen.«

Zum fünfzehnten: Wenn man sagt: »Sofern ich keine Migräne habe«, heißt das: »Ich werde Migräne haben.«

Zum sechzehnten: »Sie leiden an Verstopfung, weil Sie glauben, daß Sie sie haben. Wenn Sie das Gegenteil denken, tritt das Gegenteil ein.«

Zum siebzehnten: »Diese Ängste, diese kindlichen Phobien müssen verschwinden; Sie tragen in sich das Instrument Ihrer Heilung: vertreiben Sie die Ängste, lassen Sie sie fallen wie die Brosamen vom Tisch. Niemand auf der Welt kann Einfluß auf Sie nehmen, wenn Sie es nicht erlauben.

Wenn Sie mich wieder aufsuchen, erzählen Sie mir ja nicht, daß es Ihnen nicht besser geht, es muß Ihnen besser gehen. Und setzen Sie nie den Willen ein, sapristi, und sagen Sie nicht ›ich will‹. Ich verbiete es Ihnen (wenn ich Ihnen etwas zu verbieten habe).«

Zum achtzehnten: »Wenn Sie einen Knochenbruch haben, gehen Sie noch heute morgen in die Klinik. Die Suggestion kann keinen Knochenbruch heilen, wohl aber Organe, Muskeln etc.«

Zum neunzehnten: »Machen Sie Ihre Diät wegen des Eiweißstoffes?«
Patient: »Ich mag keine Milchprodukte.«

Coué: »Nun gut! *Stellen Sie sich vor*, daß Sie sie *mögen*.«

Zum zwanzigsten: »Prägen Sie sich, was den Juckreiz anbetrifft, ein, daß er nie wieder auftreten wird (dritter Besuch). Wenn Sie anfangen, ihn zu fürchten, wird er Sie quälen. Selbst wenn Sie beschwerdefrei sind, suchen Sie mich von Zeit zu Zeit auf, damit ich Ihnen den nötigen Antrieb geben kann, den richtigen Weg einzuhalten.«

Zum einundzwanzigsten: *Patient:* »Kann man sich zur Vorstellungskraft zwingen?«
Coué: »Man braucht sich nicht zu zwingen, wenn man nach der ›Methode‹ vorgeht, das kommt ganz von selbst. Wissen Sie, das gleiche gilt für mich.«

Zum zweiundzwanzigsten: *Patient:* »Ich kann nicht sagen: Ich kann nicht, wenn ich mir vorstelle, ich kann.«
Coué: »Tun Sie das, was ich Ihnen sage. Ich unterweise Sie und nicht Sie mich.«

Zum dreiundzwanzigsten: »Sie haben eine Bronchitis und nehmen Valda-Pastillen zur Beruhigung. Das ist gut so. Die Suggestion wird das Leiden zum Verschwinden bringen.«

Zum vierundzwanzigsten: »Sie haben deswegen den Arzt aufgesucht. Befolgen Sie die Diät, die er Ihnen angeordnet hat. Sie müssen sich an die Anweisung Ihres

Arztes halten, sich aber auch der Suggestion unterziehen. Das eine schließt das andere nicht aus, im Gegenteil, und ich praktiziere ebenfalls Suggestion mit Ihnen.«

Zum fünfundzwanzigsten: »Es gibt hier keinen Heiler, sondern einen Mann, der Ihnen beibringt, was Sie tun müssen, um Heilung zu erlangen.«

Zum sechsundzwanzigsten: »Was auch immer die Ursache für Ihre Kopfschmerzen sein mag, Ihr Organismus verhält sich so, daß diese Ursache allmählich verschwinden wird. Natürlich stellen Sie in dem Maße, in dem sie verschwindet, fest, daß Ihre Migräneanfälle immer seltener auftreten, immer weniger stark sind, bis zu dem Tag, an dem sie ganz verschwunden sein werden.«

Zum siebenundzwanzigsten: *Patient:* »Ich ersticke, besonders bei Hitze.«
Coué: »Waren Sie beim Arzt?«
Patient: »Bei zehn. Sie erklärten mir, das sei nervös, konnten mich aber nicht heilen.«
Coué: »Ja, das ist nervös, aber wir helfen Ihnen, das Leiden loszuwerden.«

Nachdem alle an ihm vorbeidefiliert sind, befiehlt Coué den Patienten, die Augen zu öffnen, und sagt: »Sie haben die Ratschläge gehört, die ich Ihnen soeben erteilt habe. Um sie aber umzusetzen, müssen Sie folgendes tun: Sie müssen jeden Morgen vor dem Aufstehen und jeden Abend vor dem Einschlafen, solange Sie leben, die Augen schließen und zwanzigmal hintereinander (wobei Sie die Lippen bewegen und automatisch an einer Schnur zwanzig Knoten abzählen) folgenden Satz wiederholen:

›*Es geht mir jeden Tag in jeder Hinsicht immer besser und besser.*‹

Denken Sie an nichts Bestimmtes, da die Worte ›in jeder Hinsicht‹ für alles gelten. Praktizieren Sie diese Autosuggestion mit Zuversicht, Glauben und der festen Gewißheit, das zu bekommen, was Sie wünschen. Je stärker jemand von der Methode überzeugt ist, desto größer sind die Erfolge und desto schneller stellen sie sich ein.«

Zudem soll man sich jedesmal im Lauf des Tages oder der Nacht, wenn man einen körperlichen oder seelischen Schmerz erleidet, versichern, daß man ihn nicht bewußt vergrößert und daß man ihn verschwinden lassen werde. Dann soll man sich so gut wie möglich abschotten, die Augen schließen und sich mit der Hand über die Stirn, wenn es sich um ein seelisches Leiden handelt, oder über die schmerzende Stelle streichen, wenn es um ein körperliches geht. Dabei wiederhole man sehr schnell die folgenden Worte und bewege dazu die Lippen: »Das geht vorbei, das geht vorbei«, solange dies nötig ist. Mit etwas Routine gelingt es, den seelischen oder körperlichen Schmerz nach 20 bis 25 Sekunden zum Verschwinden zu bringen. Sooft er sich wieder bemerkbar macht, wiederhole man den Vorgang.

Genau wie die vorhergehende Autosuggestion soll auch diese mit Zuversicht, Überzeugung, Glauben und vor allem ohne Anstrengung durchgeführt werden.

Coué fügt noch hinzu: »Wenn es Ihnen einst erlaubt war, sich einer schlechten Autosuggestion zu unterziehen, da dies unbewußt geschah, dürfen Sie das jetzt, da ich es Ihnen beigebracht habe, nicht mehr zulassen. Und wenn dies, trotz allem, geschieht, sind Sie selbst daran schuld; schlagen Sie sich ruhig an die Brust, und sagen Sie: ›Mea culpa, mea maxima culpa.‹

Als dankbare Bewunderin des Werks und des Begründers der »Methode« möchte ich noch etwas anschließen:

Da Coué sagt, das *Fundament* seiner »Methode« sei die Einsicht, daß die Vorstellungskraft uns zum Handeln antreibt, glaube ich, folgendes hinzufügen zu können: Das *Gebäude* aber sind die Tausende von Heilungen, die er erzielt; und die höchste Krönung von allem ist dieses edle Bekenntnis, das sowohl eine Wohltat für die Menschen als auch eine Huldigung des Schöpfers darstellt: *Die Macht liegt in euch ... in jedem von euch!*

Infolgedessen kann jeder die »Methode« seinen persönlichen Glaubensvorstellungen anpassen. Sofern wir religiös sind, wird sie uns dabei helfen, die Hindernisse, die wir unbewußt zwischen uns und Gott errichtet haben, zu beseitigen. Und ob wir Gläubige oder Skeptiker, Freidenker oder Ungläubige sind, uns alle lehrt die einfache und leichte Anwendung der Methode unseres »Lebensspenders«, uns von ungerechtfertigtem körperlichem oder seelischem Schmerz zu befreien.

Es geht vorbei!

Diejenigen, die die Methode ablehnen, da sie das Geheimnis ihrer Kraft nicht kennen, will ich nur das eine fragen: »Lehnen Sie etwa das elektrische Licht auch ab, nur weil Sie (wie übrigens die größten Gelehrten) nicht wissen, was es mit diesem Strom im Draht auf sich hat?

Sie wissen nicht, Sie können nicht wissen, wie uns diese gesegnete ›Methode‹ körperlich und seelisch aufrichten wird.

Aber indem Sie sie leben, werden Sie sie kennenlernen ...

Sie wird Ihnen helfen, den Sieg davonzutragen.«

E. Vs ... oer

Einige Aufzeichnungen über die Reise Coués nach Paris

(Oktober 1918)

Diese Aufzeichnungen entspringen meinem Wunsch, daß die von Emile Coué im letzten Oktober in Paris erteilten Anweisungen für andere nicht verlorengehen.

Dieses Mal wollen wir uns nicht mit den vielen körperlich und seelisch Kranken beschäftigen, die erlebten, wie ihre Leiden unter seiner wohltuenden Einwirkung nachgelassen haben. Wir zitieren lediglich einiger seiner Unterweisungen:

Frage: Weshalb erziele ich, da ich doch Ihre Methode anwende und bete, keine besseren Ergebnisse?
Coué: Vermutlich deshalb, weil Sie in Ihrem tiefsten Innern *unbewußten Zweifel* hegen oder weil Sie sich *anstrengen*. Denken Sie daran, daß die Anstrengung vom Willen bestimmt wird. Wenn Sie den Willen einsetzen, riskieren Sie, daß die Vorstellungskraft im entgegengesetzten Sinne zu wirken beginnt, was zur Folge hat, daß Sie genau das Gegenteil dessen erreichen, was Sie anstrebten.

Frage: Was sollen wir tun, wenn uns etwas ärgert?
Coué: Wenn Sie sich manchmal über etwas ärgern, *wiederholen* Sie sofort: »Aber nein, das ärgert mich nicht, keineswegs, das ist mir eher angenehm.«

Kurzum, man soll immer positiv* und nicht negativ eingestellt sein.

Frage: Sind die Vortests absolut unerläßlich, obwohl man sie aus einer Anwandlung von Stolz lieber nicht absolvieren würde?

Antwort: Nein, sie sind nicht unerläßlich, aber sie sind von großem Nutzen. Auch wenn sie manchem etwas naiv erscheinen mögen, sind sie sogar von großer Ernsthaftigkeit, denn sie beweisen drei Dinge:

1. Jede Vorstellung, die wir haben, wird für uns *wahr* und neigt dazu, sich in Handlung umzusetzen.
2. Bei einem Konflikt zwischen Vorstellungskraft und Willen trägt immer die Vorstellungskraft den Sieg davon, und in diesem Fall machen wir genau *das Gegenteil* von dem, was wir wollen.
3. Wir können uns *ohne jegliche Anstrengung* den Gedanken einprägen, den wir haben wollen, denn es fällt uns leicht, nacheinander zu denken: »Ich kann nicht« und dann: »Ich kann.«

Für sich allein soll man die Vortests nicht wiederholen; denn allein gelingt es einem nicht immer, sich in die gewünschte Verfassung zu versetzen, und in diesem Fall wird das Vertrauen erschüttert.

---

* Positive Einstellung, positives Denken – konsultieren Sie dazu den Klassiker von Norman Vincent Peale, *Die Kraft positiven Denkens*, erschienen im Oesch Verlag, Zürich.

Frage: Wenn man Schmerzen hat, muß man da nicht unwillkürlich an sein Leiden denken?
Antwort: Scheuen Sie sich nicht, an Ihr Leiden zu denken; im Gegenteil, denken Sie daran, aber in dem Sinne: »Ich habe keine Angst vor dir.«

Wenn Sie ein Haus betreten, und ein Hund stürzt sich bellend auf Sie, schauen Sie ihm fest in die Augen, dann wird er Sie nicht beißen. Aber wenn Sie Angst vor ihm haben, ihm den Rücken zukehren, hat er Sie im Nu in die Wade gebissen.

Frage: Und wie tritt man den Rückzug an?
Antwort: Gehen Sie rückwärts, und lassen Sie dabei den Hund nicht aus den Augen.

Frage: Wie soll man seine Wünsche realisieren?
Antwort: Wiederholen Sie immer wieder Ihre Wünsche: »Ich gewinne Selbstvertrauen«, und Sie werden es gewinnen. »Mein Gedächtnis bessert sich«, und es wird tatsächlich besser. »Ich bekomme mich völlig in die Gewalt«, und Sie schaffen es.

Wenn Sie das Gegenteil sagen, wird das Gegenteil eintreten.

Das, was Sie sich mit Ausdauer und sehr schnell vorsagen, *tritt ein* (natürlich nur im Bereich des Möglichen).

Einige Zuhörerstimmen:

Eine junge Frau sagt zu einer anderen Dame: »Wie einfach die Methode doch ist; ich kann nur sagen: Coué ist genial. Finden Sie nicht, daß er eine besondere Ausstrahlung hat?«

Ein bekannter Pariser Arzt sagte zu den vielen Ärzten, die ihn umringten: »Ich habe Coués Ideen völlig übernommen.«

Ein Professor an der Technischen Hochschule, ein höchst kritischer Mensch, charakterisiert Coué so: »Er stellt eine Macht dar.«

Ja, er ist eine Macht des Guten und unerbittlich gegenüber der negativen »defätistischen« Autosuggestion, unermüdlich sich hingebend, voller Eifer und Freundlichkeit, bereit, allen zu helfen, ihre Persönlichkeit zu entwickeln, und ihnen schließlich beizubringen, sich selbst zu heilen, was das eigentliche Wesen seiner wohltuenden »Methode« darstellt.

Wie sollte man da nicht von Herzen wünschen, daß alle Coués »gute Botschaft« verstehen und sich aneignen? »Damit hätte jeder einzelne die Möglichkeit, *die Macht, die in ihm schlummert, zu erwecken,* um glücklich und gesund zu sein.« Wenn die Person damit einverstanden ist, bedeutet dies die volle Entfaltung dieser Macht, die ihr ganzes Leben verändern kann.

Daraus ergibt sich für die Eingeweihten die unbedingte Pflicht (die gleichzeitig ein Glück ist), mit allen ihnen zur Verfügung stehenden Mitteln diese wunderbare Methode zu verbreiten. Ihre positiven Ergebnisse sind durch Tausende von Beispielen bezeugt. Man muß all jene Personen damit vertraut machen, die leiden, weinen und sich quälen, und muß ihnen dabei helfen, sie zu praktizieren.

Denken wir an das triumphierende, aber tödlich verwundete Frankreich, an seine siegreichen, aber kriegsgeschädigten Verteidiger, an all die körperlichen und seelischen Leiden, die der Krieg mit sich gebracht hat. So erwacht in uns um so stärker der Wunsch, daß diejenigen, die die Macht dazu haben (die größte Macht, die dem Menschen verliehen wurde, ist die Macht, Gutes zu tun, sagte Sokrates), dazu beitragen, daß das unerschöpfliche Reservoir seelischer und körperlicher Kräfte, das uns durch die »Methode« gegeben wurde, bald Gemeingut des ganzen Volkes, ja der Menschheit werde.

Madame Emile Léon

»Alles für alle«

von Madame Emile Léon

Wenn man eine große Wohltat erfahren hat, diese zwar allen zugänglich, doch leider fast unbekannt ist, ist es da nicht eine unerläßliche, dringende Pflicht für alle Eingeweihten, sie bekannt zu machen, damit alle in den Genuß der wunderbaren Ergebnisse der »Methode Coué« gelangen können?

Den Schmerz zum Verschwinden zu bringen ist schon eine beachtliche Leistung; aber allen Leidenden ein neues Leben zu eröffnen ist unendlich mehr!

Im April letzten Jahres besuchte uns Emile Coué in Paris. Hier sind einige seiner Anweisungen:

Frage einer Gläubigen:

Aus religiöser Sicht finde ich, daß es gegen die Würde unseres Schöpfers verstößt, wenn unser Gehorsam gegenüber seinem Willen von einem Kunstgriff oder mechanischen Vorgang abhängig sein sollte, denn das ist, nach Coué, die bewußte Autosuggestion.

Coué: »Ob es man es will oder nicht, unsere Vorstellungskraft besiegt immer unseren Willen, wenn sie mit diesem in Konflikt gerät. Wir geleiten sie auf den rechten Weg, den uns unser Verstand zeigt, indem wir *bewußt* den mechanischen Vorgang anwenden, der uns, wenn wir ihn *unbewußt* anwenden, oft in die falsche Richtung lenkt.

Und die nachdenkliche Fragestellerin sagt sich dann: »Nun gut, trotzdem hat die bewußte Autosuggestion in diesem subtilen Bereich die Macht, uns von den *von uns errichteten Hindernissen* zwischen uns und Gott zu befreien, wie ein am Fenster angebrachtes Tuch das Sonnenlicht abhalten kann.«

Frage: Wie sollen wir vorgehen, um leidende Menschen, die wir lieben und die uns nahestehen, dazu zu bringen, daß sie eine positive, befreiende Autosuggestion an sich durchführen?
Antwort: Man soll nicht drängen oder Moralpredigten halten. Man erinnere sie lediglich daran, daß ich ihnen Autosuggestion empfehle in der festen Überzeugung, daß sie den gewünschten Erfolg erzielen werden.

Frage: Wie soll man sich und anderen erklären, daß die Wiederholung der gleichen Worte: »Ich werde schlafen …« oder »Das geht vorüber« die Macht hat, eine Wirkung auszuüben, und zwar eine so starke, daß die Heilung mit Sicherheit eintritt?
Antwort: Die Wiederholung der gleichen Worte zwingt einen, sie zu denken, und wenn man sie denkt, werden sie wahr für uns und verwandeln sich in Wirklichkeit.

Frage: Wie soll man die innerliche Herrschaft über sich selbst bewahren?
Antwort: Um sich selbst zu beherrschen, genügt es, dies zu denken, und um es zu denken, muß man es sich oft wiederholen, ohne sich im geringsten anzustrengen.

Frage: Und dabei äußerlich seine uneingeschränkte Freiheit wahren?
Antwort: Die Selbstbemeisterung gilt sowohl für den körperlichen als auch den seelischen Bereich.

Frage: Wenn man nicht das tut, was man soll, verspürt man doch wohl Unruhe oder Niedergeschlagenheit; das wäre ja sonst nicht gerecht. Die Autosuggestion kann, ja darf ein *gerechtfertigtes* Leiden nicht verhindern.
Coué (sehr ernst und sehr entschieden): »Gewiß, Sie haben recht, das sollte nicht sein, aber oft ist es doch so ... zumindest für eine gewisse Zeit.

Frage: Warum hatte dieser inzwischen geheilte Patient ständig so schreckliche Krisen?
Antwort: Er wartete regelrecht darauf, er fürchtete sie! ... und gerade dadurch *provozierte* er sie. Wenn sich dieser Herr nun vorstellt, er werde keine Krisen mehr haben, so wird er keine mehr haben. Denkt er aber, daß er welche haben wird, wird er sie haben.

Frage: Worin unterscheidet sich Ihre Methode von den anderen?
Antwort: Meine Methode unterscheidet sich dadurch von den anderen, daß hier nicht der Wille dominiert, sondern die *Vorstellungskraft*. Das ist die eigentliche Grundlage.

Frage: Wollen Sie mir eine Zusammenfassung Ihrer »Methode« für Madame R. geben, die eine wichtige Aufgabe übernommen hat?

Coué: Die Methode läßt sich kurz wie folgt zusammenfassen:

Im Gegensatz zur allgemeinen Meinung bestimmt nicht der Wille unser Handeln, sondern unsere Vorstellungskraft (das Unbewußte). Wenn wir doch oft das tun, was wir wollen, so liegt das daran, daß wir uns gleichzeitig vorstellen, daß wir es können.

Im gegenteiligen Fall handeln wir genau entgegen unserem Willen. Beispiel: Je mehr jemand, der an Schlaflosigkeit leidet, einschlafen will, desto aufgedrehter wird er; je verkrampfter man einen Namen finden will, der einem entfallen ist, desto mehr entfällt er einem. (Sie erinnern sich erst dann an ihn, wenn Sie in Ihrem Geiste die Vorstellung »Ich habe vergessen« durch »Ich werde mich erinnern« ersetzen.) Je mehr man das Lachen unterdrücken will, desto heftiger platzt man damit heraus; je mehr ein Anfänger auf dem Fahrrad einem Hindernis ausweichen will, desto zielsicherer steuert er darauf zu.

Wir müssen uns also bemühen, *unsere Vorstellungskraft zu lenken;* sie wiederum wird uns leiten. Auf diese Weise gelingt es uns leicht, uns körperlich und seelisch unter Kontrolle zu bekommen. Wie gelangt man zu diesem Ergebnis? Durch die Praktik der bewußten *Autosuggestion*.

Die bewußte Autosuggestion basiert auf folgendem Prinzip: Jede Vorstellung, die wir haben, wird für uns wahr und neigt dazu, sich zu realisieren.

Wenn man sich also etwas *wünscht*, genügt es, sich immer wieder vorzusagen, daß es schon in Reichweite ist oder im Begriff zu verschwinden, je nachdem, ob es sich im körperlichen oder seelischen Bereich um etwas Positives oder Negatives handelt. Früher oder später wird man es dann erhalten.

Man übt eine *allesumfassende Suggestion* aus, wenn man morgens und abends die allgemeine Formel benutzt: »Es geht mir jeden Tag in jeder Hinsicht immer besser und besser.«

Frage: Und was gilt für die niedergeschlagenen Menschen, die Schmerzen haben?

Coué: Solange sie denken: »Ich bin traurig!«, können sie nicht heiter sein. Um sich etwas vorzustellen, genügt es, ohne Anstrengung zu denken: Ich denke dies und das.

Was den Schmerz anbetrifft, so kann ich Ihnen versichern, daß er verschwinden wird, auch wenn er noch so stark ist.

Ein Mann kommt herein. Er geht gebückt, schleppt sich mühsam, auf zwei Stöcke gestützt, voran; sein Gesicht drückt resignierte Niedergeschlagenheit aus. Der Saal hat sich inzwischen gefüllt, und Emile Coué tritt ein. Nachdem er dem Mann Fragen gestellt hat, sagt er etwa folgendes zu ihm: »Also, Sie leiden seit 32 Jahren an Rheumatismus und können nicht gehen. Keine Angst, bald werden Sie geheilt sein.«

Und nach den Vortests sagt er zu ihm: »Schließen Sie die Augen, und wiederholen Sie, so schnell Sie können, wobei Sie die Lippen bewegen: ›Es geht vorbei, es geht vorbei‹« (gleichzeitig streicht Coué über die Beine des

Patienten; das dauert 20 bis 25 Sekunden). »Jetzt haben Sie keine Schmerzen mehr, stehen Sie auf, und gehen Sie (der Patient geht tatsächlich) schnell! Schneller! Noch schneller. Und da Sie so gut gehen können, können Sie auch laufen; also laufen Sie, laufen Sie!« Der Patient läuft, fröhlich, wie ein Jugendlicher. Er ist darüber sehr erstaunt, genau wie die vielen Teilnehmer an der Sitzung vom 27. April 1920 (in der Klinik von Dr. Berillon).

Eine Dame erklärt: »Mein Mann litt seit vielen Jahren an Asthma. Seine Erstickungsanfälle waren so heftig, daß er jederzeit auf das Schlimmste gefaßt sein mußte. Sein Arzt hatte ihn aufgegeben. Doch nach einem einzigen Besuch bei Coué war er fast völlig geheilt.«

Eine junge Frau bedankt sich bei Coué sehr herzlich. Ihr Arzt, der sie begleitet, berichtet, daß die jahrelange Blutleere im Gehirn, die er mit der üblichen Behandlung nicht hat heilen können, durch die Anwendung bewußter Autosuggestion wie durch Zauberei geheilt wurde.

Ein anderer Patient, der sich das Bein gebrochen hat und sich nur hinkend und unter Schmerzen bewegen kann, ist sofort in der Lage, normal zu gehen. Er hinkt nicht mehr und hat auch keine Schmerzen mehr.

Die Menschen im Saal zittern vor Erregung, man hört viele freudige und dankbare Berichte von Personen, die durch die »Methode Coué« geheilt wurden oder zumindest Linderung erfahren haben.

Ein Arzt: »Die Waffe der Heilkunst ist die Autosuggestion!«

Ein ehemaliger Richter, den eine Dame um seine Meinung bittet, sagt ganz ergriffen: »Ich finde keine Worte ... ich finde das wunderbar!«

Eine vornehme Dame, die über Ihre Heilung vor Freude außer sich ist, ruft begeistert: »Herr Coué, ich würde am liebsten vor Ihnen niederknien. Sie sind der liebe Go...« – »Nein, sein Gesandter«, korrigiert eine andere Dame, die selbst sehr beeindruckt ist.

Eine ältere Dame: »Es ist wunderbar und ein großes Wohlgefühl, wenn man als älterer und gebrechlicher Mensch noch erleben darf, wie man auf einen Zustand allgemeiner schlechter Gesundheit wieder neue Kraft in sich fühlt. Aus eigener Erfahrung kann ich bestätigen, daß die ›Methode Coué‹ dies bewirken kann; der Erfolg ist so volkommen und nachhaltig, da er sich auf die starke Kraft in uns stützt.«

Eine Stimme nennt ihn voll tiefer Sympathie »Professor Coué«, was ihm lieber ist als »Meister«.

Eine junge Frau, die voll und ganz von der Methode überzeugt ist, sagt: »Coué geht direkt aufs Ziel los und erreicht es mit Sicherheit. Er befreit den Kranken von seinem Leiden. Er demonstriert Großzügigkeit und Wissen in höchster Vollendung, indem er *dem Kranken selbst* die Anwendung einer wunderbaren Methode anvertraut und damit ihm das Verdienst an der Heilung zukommen läßt.«

Ein Gelehrter, der von einer Dame gebeten wird, ein kleines Meisterwerk über die »Methode« zu verfassen, lehnt dies entschieden ab; er verweist auf die schlichten Worte, die, im Sinn der Methode gebraucht, jedes Leiden zum Verschwinden bringen können: »*Es geht vorbei!*« *Das* ist das Meisterwerk, versichert er.
Und die Tausenden von Patienten, die dadurch ganz oder teilweise geheilt wurden, pflichten ihm bei.

Eine Dame, die viel gelitten hat, erklärt: »Je öfter ich Coués Ausführungen über seine Methode lese, desto souveräner finde ich sie. Sie bedarf weder der Reduzierung noch der Erweiterung. Man braucht sie nur zu verbreiten. Ich werde mein möglichstes tun.«

Zum Schluß möchte ich noch folgendes sagen:
In seiner großen Bescheidenheit sagt Emile Coué allen:

»Es geht kein Fluidum von mir aus ...«
»Ich habe keinerlei Einfluß ...«
»Ich habe noch nie jemanden geheilt ...«
»Meine Schüler erzielen die gleichen Erfolge wie ich«
... usw.

Ich kann aber in aller Aufrichtigkeit sagen: Sie streben danach, inspiriert von dieser wertvollen Methode; und wenn einst nach vielen Jahren die klangvolle Stimme ihres Schöpfers sie auf dieser Welt nicht mehr lehren kann, so wird seine »Methode« trotzdem weiterleben und Tausenden von Menschen helfen, sie unterstützen, trösten und heilen. Sie muß unsterblich sein und durch die Vermittlung Frankreichs auf der ganzen Welt bekannt gemacht werden. Denn jener Gelehrte hatte recht und verstand es, mit wenigen Worten diese einfache und doch so großartige Methode zur Heilung von Krankheiten auszudrücken:

»Es geht vorbei!« Und genau das ist das Meisterwerk!

Paris, 6. Juni 1920　　　　　　　　　　*B. G. Emile Léon*

Das Wunder in uns

(Auszug aus: »La Renaissance politique, littéraire et artistique« vom 18. Dezember 1920)

Dank an Emile Coué

Im September 1920 stieß ich zufällig auf das Buch von Professor Charles Baudouin, der am Institut J.-J. Rousseau in Genf tätig ist.

Dieses Werk trägt den Titel »Suggestion und Autosuggestion«. Der Autor schrieb in seiner Widmung: *»Für Emile Coué, den Wegbereiter und Wohltäter der Menschen, in tiefer Dankbarkeit.«*

Ich fing an zu lesen und legte das Buch erst wieder zur Seite, nachdem ich es ausgelesen hatte.

Es beschreibt leicht verständlich eine großartige Methode zum Wohl der Menschheit, die auf einer Theorie beruht, die fast kindlich anmutet, da sie jedem zugänglich ist. Und jeder, der sie praktiziert, zieht daraus den größten Nutzen.

Emile Coué wohnt jetzt in Nancy, wo er einst großes Interesse an der Arbeit und den Versuchen von Liébeault, dem Vater der Suggestionslehre, bekundet hatte. Mehr als zwanzig Jahre lang hat sich Coué nur mit dieser einen Frage beschäftigt, und zwar mit dem Ziel, seine Mitmenschen dazu zu bringen, *Autosuggestion* zu praktizieren.

Zu Beginn des 20. Jahrhunderts hatte Coué das Ziel seiner Forschungen erreicht; er hatte die gewaltige, allgemein wirksame Kraft der Autosuggestion nachgewiesen. Nach unzähligen Versuchen an Tausenden von Personen demonstrierte er die Einwirkung des Unbewußten bei organischen Krankheiten. Das ist ein absolutes Novum, und es gebührt diesem bescheidenen Gelehrten das Verdienst, das Heilmittel gegen schreckliche, als unheilbar geltende oder mit unerträglichen Schmerzen verbundene Leiden gefunden zu haben.

Da ich in diesem Rahmen nicht auf ausführliche wissenschaftliche Einzelheiten eingehen kann, beschränke ich mich darauf, zu beschreiben, wie der Gelehrte aus Nancy seine Methode praktiziert.

Das Ergebnis eines Lebens voll unermüdlicher Forschungen und Untersuchungen besteht in einer kurzen Formel, die morgens und abends zu wiederholen ist.

Sie soll halblaut mit geschlossenen Augen, in entspannter Lage, also im Bett oder im Sessel, in einem leicht leiernden Tonfall (wie bei Litaneien) hergesagt werden.

Diese Zauberworte lauten:

»*Es geht mir jeden Tag in jeder Hinsicht immer besser und besser.*«

Sie sollen zwanzigmal wiederholt werden, wobei man eine Schnur mit zwanzig Knoten zu Hilfe nimmt, die sozusagen als Rosenkranz dient. Dieses äußerliche Detail hat seinen Sinn, denn dadurch wird das mechanische Aufsagen gewährleistet, und darauf kommt es an.

Während man diese Worte spricht, die das Unbewußte registriert, soll man an nichts Bestimmtes denken, weder an seine Krankheiten noch an seine Sorgen;

man soll sich passiv verhalten, nur den einzigen Wunsch hegen, es möge sich alles zum Besten wenden. Die Wendung »*in jeder Hinsicht*« ist von allgemeiner Wirkung.

Dieser Wunsch soll ohne Leidenschaft, ohne Willensanstrengung, ganz entspannt, *aber mit absoluter Zuversicht* geäußert werden.

Emile Coué beruft sich nämlich im Augenblick der Autosuggestion keineswegs auf den Willen, ganz im Gegenteil; nur die Vorstellungskraft darf eingesetzt werden, die große Triebkraft, die weitaus wirksamer ist als der Wille, an den man ständig appelliert; allein die Vorstellungskraft darf dominieren.

»Haben Sie Selbstvertrauen«, rät uns dieser kluge Ratgeber, »glauben Sie fest daran, daß alles gut wird.« Und tatsächlich wendet sich für die Personen, die blindes Vertrauen und Ausdauer haben, alles zum Guten.

Da nichts mehr überzeugt als Tatsachen, will ich Ihnen berichten, wie es mir selbst ergangen ist, bevor ich Coué kennengelernt habe.

Ich kehre noch einmal zu jenem September zurück, als ich Charles Baudouins Buch aufschlug. Nach einer gründlichen Darstellung der Methode schildert der Autor eine Reihe von Heilungsfällen, wie zum Beispiel Darmentzündung, Ekzeme, Stottern, Stummheit, eine Stirnhöhlenentzündung, die 25 Jahre angehalten und bereits elf Operationen erforderlich gemacht hatte, Gebärmutterentzündung, Eileiterentzündung, Fibrome, Krampfadern usw. und vor allem tuberkulöse Geschwüre und Schwindsucht im Endstadium (z. B. der

Fall der Madame D. aus Troyes, die nach ihrer Heilung Mutter wurde und keinen Rückfall erlebte). Die Heilungen wurden oft von den behandelnden Ärzten bestätigt.

Diese Fallbeispiele beeindruckten mich zutiefst; da waren ja die reinsten Wunder geschehen. Es handelte sich nicht um Nervenleiden, sondern um Krankheiten, die die Ärzte erfolglos behandelten. Besonders die Heilung der Tuberkulose war für mich eine Offenbarung.

Seit zwei Jahren litt ich an einer heftigen Nervenentzündung im Gesicht und hatte schreckliche Schmerzen. Vier Ärzte, unter ihnen zwei Spezialisten, hatten das Urteil gesprochen, das mit seiner verheerenden Auswirkung auf meinen Gemütszustand gereicht hätte, mein Leiden zu verschlimmern: »Nichts zu machen!« Dieses »Nichts zu machen« löste in mir eine höchst negative Autosuggestion aus.

Nachdem ich mir die Formel »jeden Tag in jeder Hinsicht usw.« zu eigen gemacht hatte, zitierte ich sie mit einer solchen Zuversicht, die, obwohl sie noch nicht fest fundiert war, bereits Berge versetzen konnte. Ich entledigte mich meines Schals und meines Kopftuchs und lief barhäuptig in den Garten, wo es stürmte und regnete, und sagte leise vor mich hin: »Ich werde geheilt werden, ich werde keine Nervenentzündung mehr haben, sie verschwindet und kommt nicht wieder usw.« Am nächsten Tag war ich geheilt, und seither litt ich nie mehr an dieser schrecklichen Krankheit, mit der ich beim geringsten Windhauch oder feuchtem Wetter keinen Schritt vor die Tür tun konnte; der Zustand war unerträglich gewesen. Aber jetzt war ich überglücklich.

Die Zweifler werden einwenden: Es waren eben die Nerven. Ja, das steht außer Zweifel, dieser Punkt geht an sie. Aber, begeistert von Coués Methode, wandte ich sie auf ein Ödem am linken Knöchel an, das sich infolge eines angeblich unheilbaren Nierenleidens gebildet hatte. In zwei Tagen war es weg. Ich behandelte mich auch wegen Erschöpfung, gedrückter Stimmung usw., und es trat eine so erstaunliche Besserung ein, daß mich nur noch ein Gedanke beherrschte: Ich wollte nach Nancy, um meinem Wohltäter zu danken.

Ich suchte ihn also auf und lernte einen ungewöhnlichen Mann kennen, der durch seine Güte und Schlichtheit beeindruckte. Wir wurden Freunde.

Ich mußte ihn unbedingt bei der Arbeit erleben. Er lud mich zu einer allgemein zugänglichen Sitzung ein. Von allen Seiten vernahm ich sein Lob. Die Lungenleiden, Organverlagerungen, Asthma, der Pottsche Buckel, Lähmungen, all diese schrecklichen Leiden wurden von ihm geheilt. Ich sah, wie eine gelähmte Frau, die eben noch zusammengekrümmt auf ihrem Stuhl saß, plötzlich aufstand und durchs Zimmer ging. Coué hatte gesprochen, er forderte von jedem großes, grenzenloses Zutrauen zu sich selbst. Er sagte: »Lernen Sie, sich selbst zu heilen, Sie können es; ich habe nie jemanden geheilt. In Ihnen ruht die Fähigkeit, rufen Sie Ihren Geist auf, lassen Sie ihn Ihrem körperlichen und seelischen Wohl dienen; er kommt und wird Sie heilen, Sie werden stark und glücklich sein.« Nach diesen Worten trat Coué zu der gelähmten Frau: »Sie haben es gehört, glauben Sie, daß Sie gehen werden?« – »Ja.« – »Dann stehen Sie auf!« Die Frau erhob sich und ging um den Garten herum. Das Wunder war geschehen.

Ein junges Mädchen, das am Pottschen Buckel litt, erlebte, daß sich seine Wirbelsäule nach drei Besuchen wieder aufrichtete. Es berichtete mir, wie glücklich es sei, es hatte sich bereits aufgegeben und fühlte sich jetzt wie neugeboren.

Drei von ihrem Lungenleiden geheilte Frauen berichteten mir begeistert, wie glücklich sie seien, wieder arbeiten und ein normales Leben führen zu können. Coué erschien mir im Kreis dieser Menschen, die er liebte, wie ein überirdisches Wesen: Dieser Mann interessiert sich nicht für Geld, seine ganze Arbeit leistet er unentgeltlich; in seiner ungewöhnlichen Selbstlosigkeit nimmt er keinen Pfennig. »Aber ich schulde Ihnen etwas«, sagte ich zu ihm, »ich schulde Ihnen alles ...« »Nein, nur das Vergnügen, daß Sie sich weiterhin wohl fühlen ...«

Dieser kindlich-schlichte Menschenfreund erweckt große Sympathie. Arm in Arm machten wir einen Rundgang durch den Gemüsegarten, um den er sich frühmorgens selbst kümmert. Als Fast-Vegetarier freut er sich über das Gedeihen seiner Beete. Und dann setzt er das ernste Gespräch fort: »Sie besitzen eine *unbegrenzte Macht: den Geist.* Er wirkt auf die Materie ein, wenn man ihn zu beherrschen weiß. Die Vorstellungskraft ist mit einem Pferd ohne Zaum zu vergleichen; wenn es einen Wagen zieht, in dem Sie sitzen, kann es alle Dummheiten anstellen, es kann Sie sogar töten. Aber wenn Sie es richtig anschirren, mit sicherer Hand lenken, geht es, wohin Sie wollen. Genauso verhält es sich mit dem Geist, der Vorstellungskraft. Wir müssen sie zu unserem Wohl lenken. Die mit den Lippen gemurmelte Autosuggestion ist ein Befehl, den das Unbewußte erhält; es führt ihn nach unserem Willen aus, vor allem nachts; die abendliche Autosuggestion ist die wichtigste. Sie erzielt wunderbare Ergebnisse.

Empfinden Sie körperlichen Schmerz, so gebrauchen Sie zusätzlich die Formel: ›*Es geht vorbei*‹, die Sie sehr schnell in summendem Ton wiederholen; legen Sie dabei die Hand auf die schmerzende Stelle oder, wenn es um einen seelischen Schmerz geht, auf die Stirn.

Denn die Methode wirkt sehr nachhaltig auf die Gemütslage ein. Nachdem man die Seele um Beistand für körperliche Leiden gebeten hat, kann man diesen auch unter anderen Umständen und schwierigen Lebenslagen erbitten.«

Auch hier habe ich die Erfahrung gemacht, daß sich die Ereignisse durch dieses Verfahren auf wunderbare Weise beeinflussen lassen – das Verfahren, das Sie heute kennengelernt haben. Sie lernen es noch besser kennen, wenn Sie Baudouins Buch und seine Broschüre: *Die Macht in uns* lesen und schließlich die kleine kurze Abhandlung von Coué selbst, *Die Selbstbemeisterung durch bewußte Autosuggestion*.

Wenn es mir gelungen ist, in Ihnen den Wunsch zu erwecken, selbst nach Nancy zu pilgern, wie ich es getan habe, werden Sie den einmaligen Mann lieben lernen, seine edle Güte und Nächstenliebe, wie Christus sie gelehrt hat.

Sie werden, genau wie ich, seelische und körperliche Heilung erlangen. Das Leben wird Ihnen schöner und lebenswerter erscheinen. Und das lohnt doch wohl den Versuch, nicht wahr?

M. Burnat-Provins

Wie die Erziehung sein sollte

Es mag zunächst paradox erscheinen, aber die Erziehung des Kindes soll vor seiner Geburt beginnen. Wenn sich nämlich eine Frau, die vor ein paar Wochen schwanger geworden ist, in Gedanken vorstellt, welches Geschlecht das Kind haben soll und welche körperlichen und seelischen Eigenschaften, und wenn sie sich die ganze Schwangerschaft über das gleiche Bild macht, wird das Kind wahrscheinlich das Geschlecht und die Eigenschaften besitzen, die sie sich vorgestellt hat.

Die Spartanerinnen brachten nur kräftige Kinder zur Welt, die gefürchtete Krieger wurden. Es war nämlich ihr größter Wunsch, dem Vaterland solche Männer zu schenken. In Athen dagegen brachten die Frauen intellektuelle Kinder zur Welt, deren geistige Fähigkeiten bei weitem mehr galten als die körperlichen.

Ein unter solchen Voraussetzungen gezeugtes Kind kann also die positiven Suggestionen, die an ihm durchgeführt werden, mühelos annehmen und sie in Autosuggestionen umsetzen, die später seine Lebensweise bestimmen werden. Man muß sich nämlich bewußt sein, daß alle unsere Worte, all unsere Handlungen nur das Ergebnis von Autosuggestionen sind, die meistens durch die Suggestion des Beispiels oder des Wortes verursacht werden.

Wie sollen sich also Eltern und Lehrer verhalten, um bei den Kindern negative Autosuggestionen zu vermeiden und positive zu bewirken? Sie müssen ihnen gegenüber immer in der gleichen Stimmung sein und in mildem, aber bestimmtem Ton mit ihnen reden. So bringt man sie dazu zu gehorchen, ohne daß sie Lust verspüren, sich zu widersetzen.

Vor allem soll man vermeiden, sie grob zu behandeln, denn dadurch riskiert man, in ihnen eine von Furcht bestimmte und von Haß begleitete Autosuggestion hervorzurufen.

Man soll vor allem darauf achten, in ihrer Anwesenheit nichts Schlechtes über andere Menschen zu sagen, wie das in Salons oft der Fall ist, wo man mit der größten Unschuldsmiene an einer nicht anwesenden Freundin kein gutes Haar läßt. Dieses schlechte Beispiel wird sich ihnen zwangsläufig einprägen und kann später echte Katastrophen heraufbeschwören.

Man rufe in ihnen den Wunsch wach, die Natur kennenzulernen, und versuche, ihr Interesse zu wecken, indem man ihnen in heiterem, humorvollem Ton alle möglichen Erklärungen gibt. Man soll ihre Fragen freundlich beantworten und sie nicht vor den Kopf stoßen, etwa indem man zu ihnen sagt: »Du gehst mir auf die Nerven, laß mich in Ruhe, ich erkläre es dir später.«

Auf keinen Fall soll man zu einem Kind sagen: »Du bist ein Faulpelz, ein Nichtsnutz usw.«, denn genau das bewirkt in ihm die schlechten Eigenschaften, die man ihm vorwirft.

Wenn ein Kind schwerfällig ist und immer nur schlechte Schulaufgaben liefert, muß man zu ihm sagen, auch wenn es nicht wahr ist: »Heute hast du besser gearbeitet als sonst, es ist gut so, mein Kleiner.« Das Kind wird, geschmeichelt durch dieses ungewohnte Lob, das nächste Mal bestimmt besser arbeiten, und durch weiteres von den Erziehern vernünftig verteiltes Lob wird es allmählich ein wirklich fleißiger Schüler werden.

Man vermeide auf alle Fälle, vor Kindern über Krankheiten zu sprechen, denn dies könnte sie auslösen. Man führe ihnen vielmehr vor Augen, daß Gesundheit der Normalzustand des Menschen und Krankheit eine Anomalie ist, eine Art Verfall, den man vermeiden kann, wenn man ein mäßiges und geordnetes Leben führt.

Indem man sie lehrt, dies und jenes zu fürchten (z. B. Kälte, Hitze, Regen und Wind), erzeugt man in ihnen nur Schwächen. Dies ist zu vermieden, denn der Mensch ist dazu geschaffen, all dies schadlos zu ertragen, ohne darunter leiden und sich beklagen zu müssen.

Man mache die Kinder nicht furchtsam, indem man ihnen vom schwarzen Mann oder vom Kinderschreck erzählt, denn die Furcht, die in der Kindheit entsteht, kann später andauern.

Die Eltern, die ihre Kinder nicht selbst aufziehen, müssen die Personen, denen sie sie anvertrauen, sorgfältig auswählen. Es genügt nicht, daß diese die Kinder lieben, sie müssen überdies jene positiven Eigenschaften besitzen, die die Eltern sich von den Kindern wünschen.

Man wecke in ihnen die Lust an der Arbeit und am Lernen, indem man ihnen Arbeit und Studium erleichtert. Dies erreicht man, wie ich bereits oben gesagt habe, dadurch, daß man alles deutlich und auf spielerische Weise erklärt. Die Erklärungen würzt man mit amüsanten Anekdoten, damit sich das Kind jeweils auf die nächsten Lektionen freut.

Man soll den Kindern vor allem einschärfen, daß die Arbeit für den Menschen lebensnotwendig ist, daß derjenige, der nicht arbeitet, ein nutzloser Mensch ist, daß jede Arbeit demjenigen, der sie leistet, eine tiefe Befriedigung bringt, während die von manchen so heiß ersehnte Muße Langeweile, Neurasthenie, Lebensüberdruß hervorruft und denjenigen zu Ausschweifungen, ja sogar zum Verbrechen treibt, der nicht die Mittel besitzt, die Leidenschaften zu befriedigen, die er durch den Müßiggang entdeckt hat.

Man bringe den Kindern bei, gegenüber allen Menschen höflich und liebenswürdig zu sein, insbesondere aber gegenüber jenen, die durch den Zufall der Geburt einer niedrigeren Gesellschaftsschicht angehören als sie selbst. Außerdem lehre man sie, das Alter zu achten und sich nicht über die körperlichen und seelischen Gebrechen lustig zu machen, die es oft mit sich bringt.

Man lehre sie, alle Menschen, ungeachtet ihrer Klassenzugehörigkeit, zu lieben, immer bereit zu sein, dem Notleidenden zu helfen und gerne Zeit und Geld für diesen aufzuwenden. Man bringe ihnen bei, daß man mehr an die anderen als an sich selbst denken soll; daß man schließlich durch solches Handeln unwillkürlich eine tiefe Befriedigung empfindet, die der Egoist ständig sucht, ohne sie zu finden.

Man fördere ihr Selbstvertrauen und bringe ihnen bei, ein geplantes Vorhaben erst der Kontrolle der Vernunft zu unterwerfen, indem man es vermeidet, impulsiv zu handeln. Nachdem man die Sache durchdacht hat, soll man eine Entscheidung fällen, an der man festhält, es sei denn, man erhalte den Beweis, daß man sich geirrt hat.

Man bringe den Kindern vor allem bei, das Leben mit der festen Überzeugung anzupacken, daß man Erfolg haben und unter dem Einfluß dieser Vorstellung unweigerlich ans Ziel gelangen werde; aber nicht, indem man in aller Ruhe abwartet, sondern indem man, angetrieben von dieser Idee, alles Erforderliche unternimmt und die Gelegenheiten oder die einmalige Gelegenheit nutzt, die sich einem bietet, selbst wenn sie nur an einem seidenen Faden hinge. Derjenige, der an sich zweifelt, ist der ewige Pechvogel, dem nichts gelingt, weil er alles tut, um keinen Erfolg zu haben. Er könnte in einem Meer von Gelegenheiten schwimmen, voller Haarschöpfe so dick wie der von Absalom, an denen er sich festhalten könnte; es gelänge ihm trotzdem nicht, auch nur einen einzigen zu ergreifen. Oft beschwört er selbst die Ereignisse herauf, die ihn scheitern lassen, während derjenige, der in sich die Vorstellung des Erfolgs trägt, manchmal unbewußt selbst die Umstände schafft, die den Erfolg bringen.

Vor allem Eltern und Lehrer sollen als Beispiel dienen. Das Kind ist äußerst suggestibel. Alles, was andere tun, tut es auch: also sind die Eltern verpflichtet, den Kindern als gutes Beispiel zu dienen.

Sobald die Kinder sprechen können, lasse man sie morgens und abends zwanzigmal den Satz »Es geht mir jeden Tag in jeder Hinsicht immer besser und besser« wiederholen. Er wird in ihnen eine ausgezeichnete körperliche und seelische Gesundheit bewirken.

Man hilft dem Kind nachhaltig, Fehler zum Verschwinden zu bringen und dafür die entsprechenden positiven Eigenschaften hervortreten zu lassen, indem man folgende Suggestion an ihm durchführt:

Jede Nacht, wenn das Kind eingeschlafen ist, nähere man sich leise seinem Bett, achte darauf, daß es nicht aufwache, bleibe ungefähr einen Meter davor stehen und wiederhole 15- bis 20mal sehr leise (murmelnd) das, was man von ihm erwartet.

Schließlich wäre auch zu wünschen, daß die Lehrer jeden Morgen an ihren Schülern folgende Suggestion praktizierten: Mit geschlossenen Augen würden sie zu ihnen sagen: »Meine Freunde, ich will, daß ihr immer höflich und liebenswürdig gegenüber jedem seid und gehorsam gegenüber euren Eltern und Lehrern; wenn diese euch einen Befehl erteilen oder euch mahnen, so werdet ihr den Befehl oder die Mahnung immer beachten, ohne verärgert zu sein. Früher habt ihr angenommen, daß man euch ermahnte, um euch zu ärgern. Jetzt versteht ihr sehr wohl, daß dies nur zu eurem Besten geschieht; folglich seid ihr der Person, die euch tadelte, keineswegs böse, sondern sehr dankbar.

Außerdem werdet ihr die Arbeit lieben, welcher Art sie auch sein mag; da diese im Augenblick für euch im Lernen besteht, liebt ihr alles, was ihr lernen sollt, sogar und vor allem das, was ihr einst nicht mochtet. Wenn ihr also in der Klasse seid und der Lehrer Unterricht erteilt, so werdet ihr eure Aufmerksamkeit einzig und allein auf das lenken, was er sagt, ohne euch um den Unfug zu kümmern, den eure Mitschüler tun oder sagen mögen, und vor allem ohne selbst etwas Derartiges zu tun oder zu sagen.

Da ihr intelligent seid, denn das seid ihr, meine Freunde, werdet ihr unter diesen Umständen alles leicht begreifen und behalten. Was ihr lernt, wird in einer Schublade in eurem Gedächtnis gespeichert. Dort steht es zu eurer Verfügung, und ihr könnt es leicht herausnehmen, wenn ihr es braucht.

Auch wenn ihr allein arbeitet – ob im Studierzimmer oder zu Hause, ob ihr nun eine Hausaufgabe macht oder eine Lektion vorbereitet –, immer werdet ihr eure Aufmerksamkeit einzig und allein auf die Arbeit richten, die ihr erledigt, und so werdet ihr für eure schriftlichen Aufgaben und im Unterricht immer gute Noten erhalten.«

Wenn diese Ratschläge richtig befolgt werden, werden die Kinder die besten körperlichen und seelischen Eigenschaften besitzen.

Emile Coué

Nachwort
Coué und die Autosuggestion

von Marie Borrel und Ronald Mary

»*Autosuggestion und Medizin dürfen einander nicht entgegenstehen, sondern müssen wie zwei gute Freunde Hand in Hand gehen.*«
Emile Coué

Emile Coué hat seine Methode nicht allein »erfunden«. Sein erster Vorgänger war der Wiener Arzt *Franz Anton Mesmer* (1734–1815), der mit seinen Heilpraktiken die Grundlagen für Hypnose und Suggestion schuf. Mesmer heilte zuerst mit Magneten, dann baute er Bottiche, die die magnetische Kraft auffangen sollten. Später begann er, mit der Kraft der Hypnose und der Suggestion zu experimentieren. 1778 übersiedelte er nach Paris, wo seine Séancen bald zum letzten Chic wurden.

Daß es sich bei der Kraft, die Mesmer für eine Wirkung der Magneten gehalten hatte, in Wirklichkeit um suggestive Beeinflussung des psychophysischen Zustandes handelte, erkannte erst der britische Chirurg *James Braid* (1795–1860). Er war es auch, der 1843 diesen Vorgang als Hypnose bezeichnete.

In Frankreich verlieh *Auguste Liébeault* (1823–1904) dieser Disziplin zum ersten Mal eine medizinische Dimension. Liébeault arbeitete in den fünfziger Jahren als Arzt in der Nähe von Nancy. Seine große Spezialität bestand darin, seine Patientinnen und Patienten in Hypnose zu versetzen und ihnen mit Worten ihre Heilung zu suggerieren.

Unter Liébeaults Nachfolgern *Jean Martin Charcot* (1825-1893) und *Hyppolyte Bernheim* (1840-1919) brach ein Streit aus über der Frage, wie die Hypnose denn eigentlich wirke. Charcot vertrat die Auffassung, sie zeige, streng genommen, keine therapeutische Wirkung und funktioniere nur bei Hysterikern, die sie von ihren Symptomen befreie. Bernheim hingegen vertrat die Auffassung, jedermann könne hypnotisiert werden. Im Gegensatz zu Liébeault hielt Bernheim die Suggestion und nicht die Hypnose für den entscheidenden Punkt. In einem wissenschaftlichen Artikel erklärte er, die Suggestion lasse sich auch ohne Hypnose anwenden, sie stelle den eigentlichen Akt der Heilung dar.

Damit sind wir in der Entwicklung bei dem Punkte angelangt, in dem Suggestion und Hypnose als zwei getrennte Sachverhalte begriffen werden. Nun fehlt noch der letzte Schritt, in dem genauer verstanden wird, was sich bei der Suggestion abspielt. Dies geschieht mit der Einführung des Begriffs Autosuggestion. Diesen Schritt vollzog in der Hauptsache ein Mann, dessen Name noch heute in der ganzen westlichen Welt bekannt ist. Dieser Mann war *Emile Coué* (1857-1926).

Alle haben schon vom Couéismus gehört. Dieses Wort ist oft Synonym für Einfachheit und Naivität. Die Coué-Methode läßt sich so einfach zusammenfassen, daß man kaum viel dahinter sieht: Wir müssen uns nur etwas einreden, und es wird geschehen. Das zumindest ist von ihr übriggeblieben. Am Ende des 19. Jahrhunderts stellte Emile Coués Beweisführung aber alle vorangegangenen Überlegungen weit in den Schatten.

Coué war – eher aus Vernunft als aus Berufung – Apotheker geworden. Er selbst hätte lieber Chemie studiert, aber seine Eltern wollten ihrem Sohn eine sichere Existenz geben und machten ihm deshalb eine bescheidenere, dafür aber unmittelbar rentablere Form der Chemie schmackhaft, die Chemie im Laboratorium einer Apotheke. Und sie schenkten ihm ein Geschäft in Troyes.

Coué war ein Mensch, der oft lachte, er war optimistisch, auf natürliche Weise nett und heiterte die Kunden, die bei ihm Medikamente kauften, mit einem Scherz auf oder suchte sie zu trösten und zu ermutigen. Und er bemerkte sehr schnell, daß dies mindestens ebenso wichtig war wie die Medikamente selbst. Da hörte er von Liébeault und seinen Theorien, die sich genau mit seinen eigenen Feststellungen deckten. Das grenzte beinahe an ein Wunder! Daraufhin widmete sich Coué mit großer Leidenschaft der Hypnose.

Und er war begabt. Er hypnotisierte seine Kunden in der Apotheke, suggerierte ihnen, die Medikamente würden bestens wirken, und die Kranken wurden schneller gesund als sonst. Bald war Coué in der ganzen Stadt bekannt, und er konnte sich nicht über einen Mangel an Zulauf beklagen.

Nach und nach verfeinerte er seine Methode und begann sich Fragen zu stellen. Alle Theorien über die Hypnose erschienen ihm zu nebelhaft, zu verschwommen. Er wollte verstehen. Schließlich schien ihm eine Tatsache vollkommen klar zu sein: Die Vorstellungskraft beherrscht den Willen. In seinem ersten Werk mit dem

Titel *Die Selbstbemeisterung durch bewußte Autosuggestion* führt er unter anderen folgendes Beispiel an: Warum haben wir Angst davor, ein schmales Brett zu überqueren, das die beiden Türme einer Kathedrale verbindet, wenn wir doch problemlos über dasselbe Brett gehen, solange es am Boden liegt (siehe Seite 11)? »Ganz einfach: Im ersten Fall stellen Sie sich vor, es sei leicht, bis ans Ende zu kommen. Im zweiten Fall stellen Sie sich jedoch vor, Sie könnten es nicht.« Das gleiche gilt für die Gesundheit: Wer unter Schlaflosigkeit leidet, stellt sich vor, er könne nicht einschlafen. Er will aber einschlafen und konzentriert sich auf diesen Gedanken, doch je mehr er will, desto mehr sagt ihm seine Vorstellungskraft, daß es ihm nicht gelingt. Wer sich aber einfach hinlegt und auf den Schlaf wartet, schläft ohne Anstrengung ein. Für Coué war das sonnenklar: In allen Fällen ist es die Vorstellungskraft, welche den Willen des Individuums übertrumpft.

»Warum funktioniert die Suggestion unter Hypnose?« fragte er sich und kam zum Schluß: »Weil sie sich nicht an den Willen, sondern an die Vorstellungskraft richtet.« Die Antwort auf die Frage »Wie?« ließ nicht lange auf sich warten: »Weil die Suggestion unter Hypnose zur Autosuggestion wird.«

Zweifellos ist das Coués eigentliche Entdeckung. »Genau gesagt, existiert die Suggestion selbst nicht. Sie existiert und kann nur existieren unter der Bedingung *sine qua non,* daß sie im Individuum zur Autosuggestion wird.« Und dieses Wort definierte er als »Einpflanzen einer Idee in sich selbst durch sich selbst«.

Coué war immer wieder überrascht, wie unterschiedlich die Hypnose bei verschiedenen Menschen wirkte. Auch dafür fand er schließlich eine Erklärung: »Man kann jemandem etwas suggerieren. Wenn das Unbewußte diese Suggestion nicht akzeptiert, sie nicht verdaut hat, um sie in eine Autosuggestion umzuwandeln, zeitigt sie keine Wirkung.« Diese Erklärung ist in mehreren Hinsichten interessant. Zunächst beweist sie die Existenz einer geistigen Funktion, die sich dem Bewußtsein und dem Willen entzieht. Zur gleichen Zeit wie Coué arbeitete Freud an seinen bekannten Werken. Die Idee lag also in der Luft. Aber das ist nicht alles. Zum ersten Mal bewirkt der Kranke selbst seine Heilung. Er steht nicht mehr unter der Fuchtel des Therapeuten. Er und er ganz allein ebnet den Weg zu seiner Heilung. Ein gewaltiger Unterschied. Man kann sich fragen, ob diese Erkenntnis nicht durch die Tatsache erleichtert worden ist, daß Coué im Gegensatz zu seinen damaligen »Kollegen« eben Apotheker und nicht Arzt war.

Und man muß unwillkürlich an die Methoden denken, mit denen heute Therapeuten arbeiten: Sie nutzen die Visualisierung als Mittel, um die Vorstellungskraft außerhalb des bewußten Willens zu »programmieren«. Coué empfahl einfach, sich immer und immer wieder einzureden, daß man sein Ziel erreiche. Was die Gesundheit angeht, genügt es also, sich immer wieder zu sagen: »Ich werde gesund«, damit der Prozeß ausgelöst wird, der zu diesem Ziel führt. Aber darin liegt zweifellos der schwache Punkt der Methode. »Das Unbewußte ist der große Leiter aller unserer Funktionen«, schreibt

Emile Coué. »Reden wir ihm ein, ein schlecht funktionierendes Organ müsse wieder gut funktionieren, gibt es diesen Befehl sofort weiter. Und das betreffende Organ gehorcht willig, seine Funktion normalisiert sich, manchmal sofort, manchmal nur nach und nach.« Er kümmerte sich also wenig um die Macht und die Kraft dessen, was er Willen nannte.

Dennoch erzielte Coué erstaunliche Ergebnisse. Er schildert den Fall von Mademoiselle D., die sich einen Zahn ziehen lassen mußte. Coué schlug ihr vor, sie zu begleiten und ihr zu »suggerieren«, damit sie während des Eingriffs keine Schmerzen habe. Sie willigte ein, und die Extraktion verlief ohne Probleme. Er hatte sich einfach vor sie hingesetzt und immer wieder gesagt: »Sie spüren nichts, Sie spüren nichts.« Nach dem Eingriff setzte eine Blutung ein. Coué zögerte nicht, sondern sagte nun einfach: »Es blutet nicht mehr, es blutet nicht mehr.« Und die Blutung ließ nach (siehe Seite 39). Für ihn war das vollkommen natürlich. Das Unbewußte hatte einfach den kleinen Arterien und Venen befohlen, nicht mehr zu bluten. »Mit der gleichen Überlegung können wir auch begreifen, wie ein Fibrom verschwinden kann«, fährt Coué fort. »Nachdem das Unbewußte den Gedanken akzeptiert hat, das Fibrom müsse verschwinden, befiehlt das Gehirn den Arterien, die es nähren, sich zusammenzuziehen. Sie nähren das Fibrom nicht mehr, das in der Folge austrocknet und, seiner Nahrung beraubt, abstirbt.«

Einfach, in der Tat. Etwas zu einfach, ehrlich gesagt. Denn Coué vergaß, daß die Suggestion vor allem dann wirkte, wenn er selbst sie den Kranken eingab. Während Mesmer stolz wie ein Pfau war, ließ der Apotheker aus Troyes seine Persönlichkeit, seine Sanftheit, seine Überzeugungskraft, seine Nettigkeit und sein Lächeln in absoluter Bescheidenheit vollkommen außer acht. Er abstrahierte von dem, was man heute als Veränderung des Bewußtseinszustandes bezeichnen würde, welche der Suggestion rasch zum Erfolg verhilft.

Was Coué Willen nannte, umfaßt die Sphäre des bewußten Willens. Der Biologe Rémy Chauvin sieht darin aber etwas viel Komplexeres. In seinem Buch *La biologie de l'esprit** erklärt er: »Wenn ich den Arm und die Finger strecke, werden rund vierzig Muskeln zusammengezogen und entspannt. Und das in einer genauen Reihenfolge und innerhalb einer Hundertstelsekunde. Ein Beugemuskel kann eine Beugung nur bewirken, weil die Streckmuskeln dies zulassen, indem sie sich entspannen.« Im Prinzip erfordert jede kleinste unserer Bewegungen ein genaues Programm, das wir ablaufen lassen, ohne es in allen Einzelheiten zu kennen. »Wann habe ich denn gelernt, den Arm mit dem entsprechenden neuromuskulären Programm zu strecken?« fragt Rémy Chauvin. »Die Antwort scheint klar zu sein: als ich klein war. Aber das ist nicht die Antwort auf diese Frage. Denn ich habe gelernt, den Arm zu strecken, ich habe nicht gelernt, mich des entsprechenden Programms zu bedienen. Der primitive Mensch, der darüber nichts weiß und nie etwas von Nerven oder Mus-

---

* Rémy Chauvin, *La biologie de l'esprit,* Editions du Rocher.

keln gehört hat, kann seinen Arm nämlich genausogut strecken wie ein Nobelpreisträger für Physiologie. Was hat also dieses Programm ausgelöst? Der Wille.«

Mein Wille ist also fähig, Vorgänge auszulösen, die ich nicht im Detail kenne. Ich gebe das Ziel vor, und mein Wille setzt einen mir unbekannten Mechanismus in Gang, um das Ziel zu erreichen. Er ist der Wirkungshebel meines Geistes, der mein Seelenleben auf den Körper überträgt. »Wir wissen über ihn ebenso wenig wie über die Evolution«, bemerkt Rémy Chauvin.

Dieser Wille hat nicht viel mit dem Willen zu tun, von dem Coué spricht. Die beiden Männer verstehen unter diesem Begriff offensichtlich nicht das gleiche. Aber die beiden ergänzen sich. Gemeinsam vermögen sie schon längst bekannte, aber nie restlos ergründete Phänomene zu erklären. Ich brauche nicht zu wissen, wie mein Immunsystem funktioniert, um es zu einer Reaktion aufzufordern. Aber ich kann seine Funktionstüchtigkeit beeinträchtigen, wenn meine Vorstellungskraft meinem Willen sozusagen eine Maske aufsetzt.

Das erinnert uns an eine Bemerkung von Anne Ancelin-Schützenberger. Als wir mit ihr über die Rolle der Visualisierung bei der Behandlung von Krebskranken sprachen, gab sie zu:

»Das Szenarium des Kranken muß nicht unbedingt der Wirklichkeit entsprechen. Es kann sogar weit davon entfernt sein, ja ihr sogar vollkommen widersprechen. Entscheidend ist, daß es *sein* Szenarium ist.«

Mit der Zeit drang Emile Coués Ruf über die Landesgrenzen hinaus. Er bereiste unermüdlich ganz Europa und ging dann in die Vereinigten Staaten, wo seine Theorien begierig aufgenommen wurden. Das positive Denken, das aus Kalifornien zu uns herüberkommt, ist ihr würdiges Erbe. Wir entdecken wieder, wie wohlbegründet manche Thesen des Apothekers aus Troyes waren, der dafür gesorgt hatte, daß die Kranken die Macht über ihre eigene Gesundheit übernahmen.

Dieser Text ist dem Buch *Der Arzt in unserem Inneren. Wie man die eigene Heilkraft weckt und nutzt* von Marie Borrel und Ronald Mary entnommen, das 1994, 2. Auflage 1997, im Oesch Verlag, Zürich, erschienen ist. Die ersten fünf Absätze sind eine Zusammenfassung dessen, was dem hier publizierten Textauszug vorausgeht. Sie wurden vom Lektorat des Oesch Verlags verfaßt.

Bücher für positive Lebensgestaltung

Emile Coué

Mentaltraining und Autosuggestion

Das Unbewußte in uns selbst und wie wir lernen, es sinnvoll zu nutzen

169 Seiten, gebunden, mit Schutzumschlag
ISBN 3-85833-533-9
Jetzt in Ihrer Buchhandlung

Autosuggestion und Mentaltraining sind die einfachsten und wirkungsvollsten Methoden, die uns ohne großen Aufwand zur Verfügung stehen. Coué zeigt, wie wir nicht nur lernen, mit Krankheiten besser umzugehen, sondern auch, wie wir die enorme Kraft in unserem Unbewußten gezielt einsetzen und sinnvoll nutzen können.

OESCH VERLAG
Jungholzstraße 28, CH-8050 Zürich
Erhältlich in Ihrer Buchhandlung
Bitte verlangen Sie weitere Informationen über unser
Programm direkt beim Verlag

Band 66358

Ruth und Roland Draht
Wege zum inneren Gleichgewicht

Die Methode dieses »Entspannungsbuches« ist völlig neu: Zuerst gehen Sie mit Hilfe eines leicht verständlichen psychologischen Wegweisers Ihren »Unruhewurzeln«, dem Negativen, den Ängsten und Schwächen auf den Grund. Dann können Sie nachlesen, wie Sie diese beheben können. Anschließend wird Ihnen gezeigt, wie Sie den Weg zu Ruhe und Ausgeglichenheit, zu mehr Energie und Optimismus im Alltag finden können.
Der zweite Teil des Buches besteht aus zumeist einfachen und praktischen Entspannungsübungen, von denen Sie sich diejenigen, die zu Ihnen und Ihrem Lebensstil passen, auswählen können. Wenn Sie dann noch einige grundlegende Korrekturen an Ihrer inneren Einstellung vornehmen, wird es Ihnen leichtfallen, den Streß und Druck in Ihrem Leben erheblich zu vermindern.

Band 66355

Prof. Dr. Max Lüscher
Konfliktfreie Liebe

Fast jeder kennt das Gefühl der Unsicherheit, das am Anfang einer Beziehung steht. Schnell fragt man sich: Ist das wirklich der oder die Richtige für mich?
Enttäuschungen und Irrwege lassen sich vermeiden, wenn man von Prof. Dr. Max Lüscher lernt, was Verliebtheit, was echte Liebe, was echte Freundschaft und was nicht mehr als eine bloße Interessengemeinschaft ist. Mit den vier Farben des neuen Lüscher-Tests können Sie schnell herausfinden, wie Sie die Erotik ihrer Liebesbeziehung empfinden und auch wie Ihr Partner sie einschätzt.
In seiner einfachen, klaren Sprache und mit Humor beschreibt der weltbekannte Farbtest-Psychologe die meist unbewußten Zusammenhänge der Attraktivität und Verliebtheit und zeigt klar den Weg, wie die unbefriedigende »Teil-Liebe« zur echten, freudvollen und befreienden Liebesbeziehung wird.

Band 66351

Wolfgang Hars
ICH bin gut!

Bei Politikern, Schauspielern und Wirtschaftsbossen kümmern sich ganze Scharen von PR-Beratern und Image-Profis um die optimale Präsentation. Nichts bleibt dem Zufall überlassen, das Image wird systematisch aufgebaut. Aber auch bei Normalsterblichen ist bei der Arbeit, im Freundes- oder im Familienkreis die Art und Weise des Auftretens wichtig.
Mit jedem Wort, mit jeder Geste, mit der geringsten Handlung hinterlässt man – mehr oder weniger bewußt – einen Eindruck. Wie man auf andere wirkt, wie man sich verkauft, wie das eigene Image ist – dafür ist jeder selbst zuständig. Die Kunst, sich selbst zu verkaufen, um das eigene Image zu prägen, aufzupolieren und zu verbessern, ist erlernbar.
Der PR-Profi Wolfgang Hars vermittelt hier ernsthaft, aber gleichzeitig unterhaltsam und witzig das Know-how, das man benötigt, um in Zukunft sein Licht nicht mehr unter den Scheffel zu stellen.